イスラーム宗教警察

高尾賢一郎

Islamic religious police

Kenichiro Takao

AKISHOBO

はじめに

イスラーム教徒(ムスリム)が一定の割合を占め、イスラームの価値観や慣習が根づいた社会――本書では「イスラーム社会」と呼ぶことにする――には、イスラームの教えにのっとった多くの戒律が存在する。これに背いた人には身体の切断や鞭打ち、あるいは石打ち(下半身を地中に埋めた状態の人に投石を行う死刑)といった刑罰が待っている。そして、人々が戒律を守っているかどうかを社会における風紀維持の観点から取り締まる「宗教警察」が存在する。イスラーム社会について紹介される際、しばしばこうしたエピソードを聞いたことがある人は多いだろう。

実際、Googleの日本語ページで「宗教警察」と検索してみると、酒を飲んだ人が捕まって鞭打ち刑を科された、婚外交渉をした男女が石打ち刑を科されたといったイスラーム社会のニュースが現れる。通常、邦人が巻き込まれたものでもない限り、外国で発生した事件に関して刑執行だけを取り上げて報じる機会は多くない。そう考えると日本で報じられる海外の司法関連のニュースとして、イスラーム社会のものは話題にのぼる頻度は高い方かもしれない。

ただし、これらの報道から、イスラーム社会になぜ冒頭のような刑罰や宗教警察という組織が存在するのかを学ぶことができるかというと、答えは否である。なぜならこれらの報道では、宗教警察とはどういう組織なのか、彼らは社会においてどういう存在なのか、当該社会の人々は彼らをどう見ているのかといった詳細についてまったく述べられないからである。

また、イスラーム社会における刑罰や宗教警察が科す刑罰には、身体刑の他に財産刑や禁固刑もある。しかし宗教警察に関する報道が紹介するのは、ほとんどが身体刑の執行についてである。こうした偏向した報道のあり方からは、宗教警察に期待されているニュースバリューが、イスラーム社会の暴力的な面を紹介することなのではないかとさえ感じられる。

このような状況を受けて、本書は、イスラーム社会において風紀を取り締まる宗教警察とはどのような組織なのかについて詳述する。イスラーム社会における宗教警察の実態については、一般書にも専門書にもまとまった情報がない。そもそも宗教警察が、我々の考える近代国家の行政機関としての警察にあたるものなのかどうかははっきりせず、まったく組織・制度化されていない自警団のような事例もある。つまりここでいう警察とは、大義名分を掲げて人々の言動を強制的に管理・監督する集団といった程度の意味でしかない。一方で、行政機関あるいは司法機関の一部として組織・制度化された宗教警察も確かに存在する。本書が扱う宗教警察は、こうした公的機関として風紀や治安の維持を目的に捜査などを行う組織である。

では、宗教警察が掲げる大義名分とはどのようなものか。警察が法律にもとづいて市民の生命や財産を保護し、社会の公序良俗を維持することを正義とするように、宗教警察にも彼らの正義がある。それはイスラームにおける「勧善懲悪」の教えである。本書では、風紀取り締まりの思想的基礎となるイスラームの勧善懲悪がなにを指すのかを解き明かしつつ、実際にどのような取り締まりが行われているのかを紹介する。そして今日、イスラーム社会の人々は宗教警察と彼らの風紀取り締まりをどう評価しているのか。社会の制度や伝統的な宗教観の変化を受けて取り締まりへの見方も変わってきているのか。こうした疑問についても検討したい。

序章

イスラーム社会と風紀

写真0-1　市場を行き交う人々。シリアの首都ダマスカスにて(2005年8月)

日本から見たイスラーム社会

毎日五回の礼拝を行う、一年に一か月間の断食を行う、お酒を飲まない、豚肉を食べない、賭け事は禁止、女性は髪や肌を隠す、親族以外の異性とみだりに接触しない……。これらはイスラームについて語られる際にのぼる、定番の話題である。イスラームに関心がない人でも、こうした生活規範については知っているのではないだろうか。そしてこう思うはずである。「イスラームとはなんと戒律の厳しい宗教なのだろうか」と。

そもそも戒律とは、サンスクリット語のシーラ（戒）とヴィナヤ（律）から作られた合成語で、信徒としての生活と修行の規範を指す仏教用語である。しかし、「葬式仏教」という表現が広く流布している通り、多くの人にとって仏教徒であることと世俗的な生活を送ることが問題なく両立可能な今の日本社会では、戒律とは仏教には関係のないもののように思われるかもしれない。これに対して、イスラーム社会には冒頭述べたような多くの生活規範が存在する。またそれを完全ではないにしても実践するムスリムがいて、結果として彼らが集まるイスラーム社会にはイスラームにもとづいた風紀の通念が存在する。

あらゆる社会にはその文化や自然環境、歴史を反映した、支配的な考え方やルールが存在し、その違いでもって単純に「厳しい社会」「厳しくない社会」といった判断や比較ができるわけではない。現実のムスリムの大らかさやホスピタリティを体験した人であれば、むしろ日本社会の方がマナーや格式にこだわる息苦しい社会だと感じることも多いはずである。ただし、日本社会の「息苦しさ」とイスラーム社会の「厳しさ」を決定的に分けるのは、イスラーム社会ではその風紀を乱した人に対して宗教にもとづいた罰が用意されている点である。「はじめに」でも述べたように、日本のメディアでも時折、イスラーム社会における鞭打ちや身体の一部の切断、石打ちといった刑罰の執行が報じられる。とくに石打ちは、ショッキングなその方法に加え、報じられる受刑者の多くが女性であることから、ニュースを見聞きした人は、イスラーム社会が「厳しい」を通り越して、前時代的な差別や暴力が蔓延した社会なのだという印象を受けるだろう。

しかしながら、こうした身体刑が世界中のすべてのイスラーム社会で適用されているわけではない。むしろ世界全体で見れば、ムスリムが圧倒的多数を占める地域であっても、イスラームにもとづく身体刑が司法制度に適用されている国、また自警団が取り締まりを行っている地域はまれである。これに該当しない大多数のイスラーム社会の人々は、イスラームにもとづいた社会形成を望ましいこととする一方、異なる文明から異なる考え方や習慣が入り込むことをある程度当然としてきた。その上で、現状において実現可能な望ましい社会のあり方、つまり相対的理想にもとづいた社会作りを支持するのが大多数の立場である。

「一般」「普通」のムスリム

実際、ムスリムの間には石打ちや鞭打ちといった身体刑に嫌悪感を示す人も多い。彼らは身体刑などの罰をなにがなんでも適用しようとする、現状を破壊してでも自分たちが最善と見なす社会の形成を求める絶対的理想の考えについて、本来の寛容なイスラームの姿とは異なるものだと主張する。

こうした甲斐あってというべきか、近年の日本では、イスラームを掲げる過激主義勢力がメディアを賑わす一方で、「暴力を肯定するムスリムは全体から見ればごくわずかなのだ」、「イスラームは（本当は）暴力を否定する宗教なのだ」という認識も見られる。そしてこの認識にもとづいて、日本のメディアではしばしば「一般のムスリム」や「普通のムスリム」という表現が用いられ始めた。ここでいう「一般」「普通」という表現には、たとえば暴力行為を平然と行う「テロリスト」とは異なる、善悪についての考えを日本人の大多数と共有できる人々、あるいは妥協ができる、物分かりの良い人々といった含意がある。

しかしながら、たとえ善悪についての考えを日本人の大多数と共有できるからといって、「一般のムスリム」「普通のムスリム」がイスラームの価値観や道徳観を反映した社会作りを目指す意志を否定するとは限らない。相対的理想であれ絶対的理想であれ、現実世界において宗教の教えにのっとった社会のあり方を求めることを信徒としての重要な義務だと考える人々は決して少なくない。

この点、非ムスリムが「物分かりの良い」ムスリムだけを相手にして、自分はイスラーム社会の実態やムスリムの考えを理解したのだと判断することには慎重でなければならない。もちろんこれは、「物分かりの良い」のは表面的なふりなのだからムスリムを警戒すべきだという意味ではない。そうではなく、イスラーム社会やムスリムを理解しようとする上で、価値観や考え方を共有できない部分については「本来のイスラームではない」と切り捨て、同意できるものだけを「本来のイスラーム」と見なし、安易に理解者を自負するのは、かえってイスラームの理解から遠ざかってしまうということである。

もっともこれは、非ムスリムの側だけの問題ではない。ムスリムの間にも、非ムスリムに同意されないと思われる部分は「イスラームについての誤解を生む」と判断し、「本来のイスラームではない」として説明する人が少なくない。「イスラーム」と見なしたいものだけを受信する、「イスラーム」と見なしてほしいものだけを発信するという、非ムスリムとムスリムの双方の思惑が一致しているというのがおそらくは現状であろう。この状況を見れば、日本におけるイスラームについての理解は、依然として狭いといえるかもしれない。物知り顔で、「イスラームは（本当は）暴力を否定する宗教なのだ」と訴えることと、「イスラームは暴力を肯定する宗教なのだ」と訴えることは、ひょっとすると理解の単純さという点ではあまり変わりないのではないだろうか。

写真0-2　イラク・シリアの国境をまたいでつくられた「フラート州」でパトロールを行う「イスラーム国」の宗教警察（出典「イスラーム国」が配信した動画）

なぜ今「風紀取り締まり」か

イスラーム社会における風紀取り締まりを本書が取り上げる背景には、まさに以上のような問題意識がある。髪を覆っていない女性が暴力を受けた、お酒を飲んだ人が鞭打ちにあった、不倫をした人が石打ち刑を受けた……。イスラーム社会から届くこうしたニュースは、多くの場合、単発的にしか報じられない。その結果、イスラーム社会は前時代的な価値観や暴力的な刑罰が蔓延した危険な場所なのだという印象を我々に植えつける。取り締まりやこれらの刑罰が見られる場所は現実にはまれなのだが、世界中のイスラーム社会で同様の出来事が起こっていると誤解している人も少なくない。

一方、こうしたネガティブな印象を正そうとする声として、取り締まりや刑罰を本来のイスラームから逸れた行為だと訴える声も聞かれる。しかしこれでは、どのような意図と経緯でイスラーム社会に固有の風紀の通念と、これを犯した人に対する罰が現実に成立したのか、また一部の地域とはいえなぜそれが適用されているのかといった点から目を背けることになる。もちろんこれらの報道から、女性は髪を覆わなければならない、お酒を飲んではいけない、不倫をしてはいけないといったイスラーム社会の生活規範を知ることはできるだろう。しかし、こうしたルールを個別に取り上げるだけでは、イスラーム社会を訪問・滞在する際の注意点としては役に立っても、そこで暮らす人々の考えや宗教と社会の関係について洞察することにつながるかどうかは疑問である。七世紀初頭に興り、一四世紀以上にわたって世界中に広がったイスラームという文明を、女性が髪を隠す宗教、お酒を禁じる宗教といった断片的情報で片づけてしまうのはあまりに底が浅いといえないだろうか。

これを受けて本書は、単に取り締まり活動を取り上げ、紹介するのではなく、イスラーム社会においてどのような価値観や道徳観にもとづいて風紀取り締まりが行われるのかを踏まえた上で、取り締まり対象になっている事案や、取り締まりを行っている人々について明らかにしていく。これにあたって注目するのが、宗教警察と呼ばれる組織である。

宗教警察とはなにか

宗教警察――聞いたことはなくとも、ぼんやりとしたイメージは湧く言葉である。「警察」という一般概念を「宗教」に限定したこの語は、近代社会を生きる我々には強い違和感を抱かせる。なぜなら近代社会においては、国家を構成する要素の一つである公的な警察と、私的領域にとどまる宗教とは基本的に結びつかないからである。二つが結びつくということは、公権力がプライバシーを侵したり、私的サークルが公権力を持ったりする事態を示唆し、これは近代社会のあるべき姿ではない。

インターネットで「宗教警察」と検索すると、ウィキペディア（Wikipedia）のページが表示され、そこではイスラームにおける「ムタワ」、イギリスにおける「悪徳弾圧協会」（Society for the Suppression of Vice）、アメリカにおける「ニューヨーク悪徳弾圧協会」（New York Society for the Suppression of Vice）の三つが取り上げられている。

悪徳弾圧協会は、一七世紀後半にロンドン郊外に設立された道徳改革協会（Society for the Reformation of Manners）の後継組織として、一八〇二年に誕生したキリスト教保守の団体である。同様の名称を持ったニューヨーク悪徳弾圧協会は、イギリスの団体と直接のつながりはないが、やはり保守的なキリスト教徒として知られたアメリカの行政官、アンソニー・コムストック（一八四四〜一九一五年）の主導によって一八七三年に設立された団体である。これらはいずれも、キリスト教的な道徳観・行動規範にのっとった「正しい」社会のあり方を目指して、瀆神《とくしん》的な思想やポルノ雑誌などの監視・規制に取り組んだが、悪徳弾圧協会は一八八五年、ニューヨーク悪徳弾圧協会は一九五〇年に組織として解体された。

　一方、イスラームの宗教警察「ムタワ」は、現在も残っている組織・制度として、また特定の都市における団体ではなく、同時多発的な現象として紹介されている。ムタワとは、「志願者」や「ボランティア」を意味するアラビア語「ムタウワ／ムタタウウィ」を片仮名で呼びやすく縮めたもので、宗教警察をはじめとした市中で風紀の取り締まりを行う人々を指す。しかし、イスラーム社会で宗教警察と呼ばれる人々がどれもこれもムタワと呼ばれているわけではない。さらにいえば、宗教警察という名前の組織がイスラーム社会に存在するわけではない。宗教警察とは、あくまで宗教にもとづいた取り締まりを行う集団に対する総称であり、公的機関か自警団のような市民団体か、あるいは個々人なのかは事例ごとに異なる。場合によっては裁判所などの司法機関を含めて宗教警察と呼ばれることもある。

図0-1　ニューヨーク悪徳弾圧協会のロゴ

　こうした曖昧な集団に対して、警察という公的な、組織化された行政機関の名称が用いられるのはなぜなのだろうか。確かに風紀取り締まりを通じて社会の治安を守るというのは警察の主たる役割であり、この点、ムタワを警察と呼ぶことはつじつまが合うといえなくもない。しかしながら、おそらくそのこととは別に、彼らが警察と呼ばれる背景には、近代国家において制度化された暴力装置である警察と、近代以前の暴力について想像を掻き立てる宗教とが、代替的な関係にあると見なされていることがあるのではないか。つまり、宗教警察という呼称は近代と前近代のそれぞれの暴力のイメージがかけあわされたものといえる。

警察という公権力が心の問題にもかかわる宗教の領域に進出し、また個々人によって考え方や捉え方が異なるがゆえに私的領域にとどまるべき宗教が権力を持つ。こうした宗教警察という存在が、単なる警察や宗教よりも恐ろしい存在として現代社会の多くの人の目に映ることは容易に想像がつく。

ただし先述したように、イスラーム社会において身体刑の適用や風紀取り締まりの制度化といった事例は実のところ少なく、また宗教警察は横暴な権力行使者とは限らない。むしろ筆者の認識する限りにおいて、彼らはしばしば市民から誹謗中傷を浴びせられる存在であったり、また時に正義感が空回りした愚直な、朴念仁《ぼくねんじん》のような存在であったり、公的な機関でありながら政府からも厄介者扱いを受けたりしている。そのため、時代の変化や市民の声を意識しながら自らを変えようともがいている様子も見られる。また一方で、宗教警察を地域の治安や宗教的伝統を守るための重要な制度・組織と捉える人々もイスラーム社会には存在する。

したがって、宗教警察は決して単なる暴力装置でも、現代社会に取り残された中世の遺物でもない。この点を踏まえ、「一般」「普通」のムスリムが良しとするイスラームのあり方とは異なる宗教警察が、イスラーム社会においてどのような意義や役割を持っているのかを検討するのが本書の目的である。

本書の内容

本書は、まず第1章において、風紀取り締まりが行われる上での思想的側面を掘り下げたい。宗教警察が風紀取り締まりをイスラームに根拠づける際、その背景には聖典クルアーン（コーラン）が命じる「勧善懲悪」の教えがあると説明される。第1章ではこのイスラームにおける勧善懲悪の理解を頼りに、風紀取り締まりの思想的な背景を探る。

この上で、続く第2章以降、現代における宗教警察の活動を、アラビア半島にあるサウジアラビア王国、イラク・シリアの両国北部を支配していた過激主義組織「イスラーム国」、そしてインドネシアのアチェ州の事例を通して説明する。以上の三つを事例として取り上げる理由は、これらの国や地域において、公的機関による制度的な風紀取り締まりが行われているからである。先述したように、厳しい風紀取り締まりが行われるとの一般的なイメージに対して、宗教警察という組織の事例はイスラーム社会においてそう多くはない。自警団のような、制度的ではない宗教警察を含めればもう少しその数は増えるが、これらは調査が難しい紛争地域や地方農村部で見られるケースが多く、さらには一般市民が自発的に取り締まりを行っている事例も多いため、「宗教警察」という理解の枠内で扱うのはいささか不適当である。このため、制度化されていない事例についてはまた別の機会にゆずるとして、本書ではひとまず公的な機関としての宗教警察の事例に限って取り上げることとしたい。

なお以上の三つの国や地域において制度的な宗教警察が存在する背景として、後述するように、宗教警察による風紀取り締まりが国あるいは州としての存在意義の重要な一角と位置づけられていることがある。「イスラーム国」については非国家主体ということで、サウジアラビアやアチェ州ほど統一された取り締まりは行われないものの、風紀取り締まりが同組織の正統性にとって大きな意味を持っているという点は同様である。この点に鑑み、本書では共通した背景を持った、しかし個別の事情を抱える三つの事例を取り上げることで、宗教警察とその活動の実態を比較しながら述べ進めていく。

以下、具体的な内容について紹介したい。まずは第2章、第3章でサウジアラビアを取り上げる。サウジアラビアでは「勧善懲悪委員会」という名前の公的機関の職員が市中で風紀取り締まりを実施している。勧善懲悪委員会はイスラーム社会の宗教警察の中では最もよく知られた組織として、宗教国家としてのサウジアラビアの保守性を象徴する存在と見なされている。第2章、第3章では勧善懲悪委員会の歴史と活動を紐解きつつ、社会における勧善懲悪委員会への評価についても検討したい。

続いて、第4章では過激主義組織「イスラーム国」を取り上げる。「イスラーム国」については、教えに共鳴した人々が世界各地で起こした爆破攻撃と同様、支配地域での風紀取り締まりについてもしばしば報じられてきた。同組織が行った積極的な広報活動により、我々はインターネットやニュース映像を通じて彼らの統治をうかがい知ることができた。第4章では、彼らの統治について風紀取り締まりを中心に説明するとともに、非国家主体である「イスラーム国」にとって、風紀取り締まり活動が持っていた戦略的意義にも注目したい。

そして、第5章ではインドネシアのアチェ州の事例を取り上げる。インドネシアはイスラーム世界全体で見ればイスラーム化が遅い東南アジアに属する。一方でインドネシアは二億人近い、世界最多のムスリム人口を擁する国家であり、諸宗教の共存を掲げてはいるがイスラームの存在感が大きい。中でも、インドネシアで最も早くイスラームが根づいたスマトラ島北部に位置するアチェ州は、イスラームにのっとった社会統治を目指す一環で、インドネシアの州の中で唯一となる宗教警察が存在する。ここでは、アチェ州の宗教警察が誕生・発展した過程に注目しつつ、どのような風紀取り締まりが行われているのかについて説明したい。

このように本書は、今日のイスラーム社会における風紀取り締まりの実態を、それぞれの社会の特性を解き明かしながら述べ進めていく。なお、先述したように以上はいずれも制度的な宗教警察の事例であるが、もう一つの共通点として、イスラーム社会の中でも多数派であるスンナ派が支配的な場所ということが挙げられる。シーア派社会における宗教警察や風紀取り締まりについては残念ながら本書では割愛するが、終章ではシーア派の大国であるイランの事情についてわずかに紹介することで、今後、スンナ派地域とシーア派地域の宗教警察や風紀取り締まりの比較をどのように行うことが可能かについて考えるための機会を設けたい。

「風紀」とはなにか

本論に移る前に、「風紀」とはなにかについて述べておこう。

『大辞林』を開いてみると、風紀とは「日常生活の上で守るべき道徳上の規律。特に、男女の交際についての規律や節度」とある。まず「日常生活」という点を通じて、「風紀」は特定の出来事や時間に限られたものではないことがわかる。次に「道徳上の規律」という点を通じて、「風紀」は人間の内面における善悪の判断にもとづいて、他者との関係の中で現れるものであることがわかる。これらを合わせて、常日頃の人間関係の中で守られるべきルールやマナー、それが風紀であると大雑把ではあるがいうことができよう。

よく知られた類似の語としては「風俗」がある。『大辞林』では同語について、「(ある時代・地域・階層に特徴的に見られる）衣食住など日常生活上のしきたり」と説明されている。おおむね風紀と通じる内容だが、風俗の場合、機微を含んだ人間同士の関係というより、社会全体を対象とした秩序のあり方を指す向きが強い。この点に関して、たとえば太平洋戦争前の日本国内では、一九二五年に制定された治安維持法にもとづいて警察による市中での風紀取り締まりが行われていた。社会を混乱させうる思想活動を主たる取り締まり対象と定めた同法では、「風俗」の壊乱についてしばしば言及されるが、「風紀」のびん乱については言及がない。

風紀と風俗の差異については、行政・司法の分野において、未成年の事案に対しては風紀の語を用い、成人の事案に対しては風俗の語を用いるという点も挙げられる（公的機関の内部で用いられる表現としては、「綱紀」もある）。これは、風紀の語が用いられる一般的な例として、中学校や高校での「風紀委員」――または「生活委員」、教職員が主体となる場合は「生活指導」と呼ぶことも多い――が挙げられることからも理解できる。

写真0-3　有害図書を捨てるための「白ポスト」（ＪＲ甲斐大和駅にて）

ただし、人間関係の中で守られるべきルールやマナーが必ずしも風紀として語られるわけではない。たとえば人に会ったら挨拶をする、お年寄りや妊婦に電車で席をゆずるといった行為が、はたして風紀の問題として語られるかどうかというと、おそらくは違う。また「職場の風紀」というように、風紀は必ずしも未成年の集団に対してのみ用いられるわけではない。

この点、先に挙げた『大辞林』による風紀の説明の最後にある、「特に、男女の交際について」という指摘は示唆深いものである。教育現場の例でいえば、風紀委員の業務は、学校の規則の中でも勉学に関係ない私物の持ち込みや服装・髪型の乱れなどを監督・注意することである。しかし、風紀びん乱が、生徒が教室で漫画を読んだり、変形学生服を着用したりといった行為を指すことは通常ない。これらに対しては単に「素行不良」という表現を用いるので十分である。「風紀びん乱」といった際の独自のニュアンスは、不健全性的行為（不純異性交遊）をはじめとした、奔放な男女交際を指すのが一般的である。「職場の風紀」の例においても、たとえば社員が遅刻する、社員同士が気を遣わないといった状況を風紀びん乱と呼ぶかというと、これも違和感がある。職場の風紀が乱れるという場合、まず想像されるのは社内恋愛ではないだろうか（筆者の偏見かもしれないが）。

学校と職場、二つの例を挙げてみたが、これらのケースで風紀という、道徳にもとづいた規律を意味する言葉が用いられる背景には、学校と職場が慣習としてある種の「神聖」な場と見なされてきたことがあるだろう。学校と職場における風紀とは、単なる人間関係上のルールというより、勉学と労働という尊い人間的営みを汚さないための、また学生と労働者という、社会を支える「清く」「謙虚な」存在を守るための、不可侵の秩序とされているように思われる。

神聖さを守るため――こう考えると、風紀とは一種の宗教的思考や実践のようにも見えてくる。本書で扱う風紀とその取り締まりの事例は、イスラームという特定の文化的背景に依拠したもので、一般に考えられる「神聖」さと一致するとは限らない。本書の読者には、理解を共有できる部分を確認しつつ、理解を共有できない部分を発見してもらい、それがひいてはイスラーム社会のあり方について考える手がかりとなれば、筆者にとっては幸いである。

第１章
イスラームにおける勧善懲悪

写真1-1　書店に並ぶイスラームの聖典クルアーン

1 勧善懲悪の思想

我々にとっての勧善懲悪

本章では、イスラーム社会で行われる風紀取り締まりの思想的な基礎となる勧善懲悪について説明したい。勧善懲悪とは読んで字のごとく、善を勧めて悪を懲らすことを意味する。これは日本人にとっては馴染みのある考えで、たとえば古くは七世紀初頭、推古天皇（五五四～六二八年、在位五九二～六二八年）の時代に聖徳太子（五七四～六二二年）が制定したとされる一七条憲法の第六条には次の言葉が見られる。

懲悪勧善、古之良典（あしきをこらしほまれをすすむるは、いにしえのよきのりなり）。

悪を懲らして善を勧めるのは昔からの良い教えだ、という意味である。この条文は、「それ故、人の善はかくすことなく知らせ、悪を見ては必ずあらためさせよ」と続く。「必ず」とあるように、ここでは勧善懲悪が単なる「良い教え」にとどまらず、人々の義務のごとく位置づけられていることがわかる。

より身近な例として、勧善懲悪は物語の構成の一つとして親しまれている。江戸時代後期の深川（現在の東京都江東区）で生まれた作家である曲亭馬琴（本名・滝沢興邦、一七六七〜一八四八年）の代表作『南総里見八犬伝』は、日本文学において類を見ない大長編であると同時に、「善が悪を倒す」というわかりやすく、また共感しやすい世界観を示したもので、他の文学作品や後世の映画、漫画、アニメーションにも多大な影響を与えてきたといわれる。

ここでいう物語の構成としての勧善懲悪とは、善悪の二元論、つまり善と悪が別個に存在し、前者が後者を滅ぼすというプロットである。『八犬伝』では玉梓《たまずさ》、安西景連《かげつら》、蟇六《ひきろく》夫婦、船虫、妙椿《みょうちん》などの様々な悪玉が登場し、彼らは金品や地位を得るため、無辜な人々の命を奪うだけでなく、同じ悪企みの仲間も裏切るなど、悪行の限りを尽くす。そんな悪玉に罰を下すのが、善玉である八犬士である。名前の一部に「犬」の字を持つ彼らは苦しみ傷つき、少なくない犠牲を払いながら悪玉と戦い、ついには滅ぼす。

勧善懲悪への挑戦

ところで、こうした勧善懲悪のプロットにおいて、善が栄えることと悪が滅ぶこと、より重視されるのはどちらか。強いていえばおそらく後者であろう。むしろ悪を滅ぼすのが善玉であることは必須ではない。たとえば西洋では、勧善懲悪にもとづいた騎士道小説が下火となった近世以降の時代、ピカレスク（picaresque）と呼ばれる悪漢を主人公とする作品が流行した。ただし悪漢といっても悪意を持っているわけではなく、貴族や騎士に対する庶民として現実社会の厳しさと戦う中で、やむをえず悪事を働く人々である。

日本では、こうした悪漢が英雄として描かれる物語が広く人気を博してきた。『八犬伝』が書かれたのと同じ時代、江戸の町で「鼠小僧」（次郎吉）と呼ばれる泥棒が現れ、彼が庶民のヒーローのように描かれてきたことはよく知られている。現代では、彼のような義賊をモデルとした『必殺仕事人』や『ルパン三世』といった勧「悪」懲悪の物語が長く愛されてきた。これらの主人公は、殺人や泥棒という道徳面でも法律面でも罪とされる行為を働く人々で、純粋な善玉ということはできない。しかし彼らは、罪を働くことでより大きな罪を働く悪を滅ぼし、人々を救う必要悪と見なされる。このため、彼らの犯罪行為は支持、正当化される。

やはり江戸後期、天保飢饉（一八三三〜一八三九年）に際して人々に施しを行っていた国定忠治（本名・長岡忠治郎、一八一〇〜一八五一年）もその類といえよう。「赤城の山も今宵限り……」の文句で知られる彼への評価をめぐっては、故地である群馬県伊勢崎市が二〇一〇年に生誕二〇〇年の記念行事を行おうと企画したが、博徒を市の名士のように扱うことに疑義が寄せられて中止になったというエピソードがある。確かに彼のような「極道」は、いわゆる反社会的勢力である。しかし高倉健、菅原文太、松方弘樹、渡瀬恒彦といった近年に亡くなった日本の名優たちは、極道ではあるが、八犬士と同様、仁義を重んじて忠孝に励む人々を演じ、視聴者は彼らの言動に「悪」なりの人情や正義を見出すことができた。この点、勧「悪」懲悪も一種の勧善懲悪といえるのかもしれない。

もっとも、こうした勧善懲悪のあり方が、世の中はかくあるべきと支持されるのは、現実の社会における勧善懲悪の実現が困難、あるいは不可能であることの裏返しといっても過言ではない。ドイツの哲学者、G・ライプニッツ（一六四六～一七一六年）の提唱した神義論（Theodizee）に代表されるように、西洋の哲学及びキリスト教神学では、全知全能にして全善なる神が存在するにもかかわらず、なぜこの世界に悪が存在するのかという問いについて繰り返し議論されてきた。神義論における悪とは、悪の意思を持った存在に限らず、自然災害のように通常は「不幸」や「不運」として理解されるものを含む、「善」が欠如したあらゆる状態を指す。

神義論について考えるための古典として、しばしば旧約聖書の「ヨブ記」が挙げられる。「ヨブ記」では、高潔で敬虔な人物であるヨブが、神の意志によって財産・家族・健康を奪われる。全知全能にして全善な神に仕える者がなぜこのような不幸に直面するのか。「正直者は馬鹿を見る」「憎まれっ子世にはばかる」との言葉があるように、これがなにも聖書の世界に限った問題でないことは誰もが知るところであろう。だからこそ多くの人々は、勧善懲悪という物語に引き寄せられ、たとえ殺人や窃盗を働いてもより大きな悪に立ち向かうという意思に魅了されるのかもしれない。

2 イスラームにおける勧善懲悪

他者への働きかけとしての勧善懲悪

では、イスラーム社会における風紀取り締まりの思想的な基礎である勧善懲悪とはどのようなものか。アメリカのイスラーム史学者、M・クックは、『イスラーム思想における勧善懲悪』(*Commanding Right and Forbidding Wrong in Islamic Thought*)と題された浩瀚《こうかん》な著書の冒頭で、一九八八年九月二二日にアメリカのシカゴの列車駅で起こった、女性への性的暴行事件を引き合いに出す。新聞が伝えたところでは、この事件は夕刻の帰宅ラッシュ時に起こり、警察発表によると多くの人が事件を目撃していた。しかし、被害女性が彼らに助けを求めたものの、応じた人は誰もいなかったという。クックによれば、この事件に関して各報道が関心を寄せていたのは、性的暴行ではなく、事件を目撃していたがなにもしなかった傍観者の態度であった。人々はこの記事を読んで、自分が事件現場にいたらなにかしたであろうと、憤りの声を上げたという。

これとよく似た事件が二〇〇六年の日本で起こっている。大阪駅と金沢駅を結ぶJR西日本の特急サンダーバードの車両内で、男性が女性を無理やりトイレに連れて行き、性的暴行を働いた。この際、同じ車輛にいた乗客は明らかな異変に気づいていたが、加害者の男性がすごんだこともあり、車掌や外部に通報することもなく、沈黙したままだったという。ここでもやはり、報道が注目したのは目撃者たちの素知らぬふりであった。いうまでもなく、まずもって責められるべきは加害者だが、インターネットなどでは素知らぬふりをした目撃者を批判したり、当時の安倍晋三内閣（第一次）が掲げた「美しい国、日本」という標語を引き合いに出して、日本社会の道徳観の低下について警鐘を鳴らしたりする意見が多く見られた。

以上の二つの事件をめぐり、人々が目撃者に求めたのは、性的暴行という悪事が起こるのを防ごうとする意思と、そのための行動である。これは別個に善玉と悪玉が存在するという善悪の二元論ではなく、個々人が罪を犯し、また放置することが「悪」であり、その発生を防ぐことが「善」という考えにもとづいたもので、善と悪はいわば表裏一体の関係にある。

この点を踏まえ、クックはイスラームにおける勧善懲悪を、「この種の広範な道徳的義務のための名称と教義」だと説明する（*Commanding Right and Forbidding Wrong in Islamic Thought*, 2000, Cambridge University Press, p. xi）。「悪」に対して信仰者個々人がいかなる態度をとるかを問う、この勧善懲悪のあり方は、人々が信じて願う世界の常理や、英雄たちの活躍といった彼岸の物語ではなく、自らが決意し立ち上がるという此岸の現実なのである。

唯一の神が命じる勧善懲悪

ムスリムにとっての勧善懲悪の重要性は、他でもない神がそれを命じていることによる。ムスリムが「アッラー」と呼ばれる唯一の神を信じていることは、漠然とではあるだろうが広く知られている。「アッラー」とはアラビア語で、定冠詞「アル」が神を意味する「イラーフ」について縮まったもの、英語でいえばthe Godである。ここからは、勧善懲悪について考える一助として、イスラームにおける神と聖典について少し説明を加えたい。

ムスリムが礼拝の際に行う信仰告白、また非ムスリムがイスラームに改宗する際に行う信仰告白として、「アッラーの他に神は無し、ムハンマドはアッラーの使徒なり」というアラビア語の文言がある。このうち前者、「アッラーの他に神は無し」は、アラビア語の原文では「ラー・イラーハ・イッラー・アッラー」と読む。英語に置き換えると、ラーがno、イラーフがgod、イッラーがbutとなり、最後のアッラーが神を指す。直訳すれば、「神はいない、ただしアッラーを除く」となる。「アッラーは唯一の神である」と直接的な表現にすれば良いようにも思えるが、イスラーム学者の中田考はこれについて次のように説明している。

イスラームの根本教義の更に核心には、「no god」、「神はなし」との神の否定がある。森羅万象のすべてから神性を剥奪し、神は存在しない、どこにも神は存在しない、との認識にまず立つこと。イスラームはこの神の否定から出発する。

中田考『イスラームの論理』筑摩書房、二〇一六年、一五九頁

では、アッラーが唯一の神であるということはなにを意味するのか。ここで重要なのは、神とはあらゆる面で無比な存在だということである。これについて、偶像崇拝を例に考えてみよう。

イスラームはユダヤ教、キリスト教と根を同じくするセム系一神教の同族宗教であり、古代イスラエルの民を率いたモーセもまた、イスラームの預言者の一人である。そのモーセが神と結んだ契約「十戒」には、偶像崇拝にかかわる教えが次の通り述べられている。

あなたはいかなる像も造ってはならない。上は天にあり、下は地にあり、また地の下の水の中にある、いかなるものの形も造ってはならない。あなたはそれらに向かってひれ伏したり、それらに仕えたりしてはならない。

『旧約聖書』「申命記」五章七〜九節

イスラエルの民は、モーセがシナイ山で神から十戒を授けられるまでの間、彼が民のもとを離れて戻ってこないことに不安を覚え、鋳造の雄牛像を拝んでいた。このエピソードに代表さ

れるように、偶像崇拝といえば一般に神仏の像を造ること、また像でなくとも絵画など、神聖なる存在を具現化する行為がイメージされやすい。人形や人が写った写真、漫画やアニメなども偶像崇拝と捉える人もいるようだ。

しかしながら、偶像崇拝の核心となるのは、先の聖書の最後の言葉、「ひれ伏したり」「仕えたりしてはならない」という点である。なぜならそれは、神以外のなにものかを神と比肩させることであり、すなわち無比であるという神の唯一性の否定に他ならない行為だからである。神が唯一であることを否定するというのは、神以外のなにものかを神と断定することだけとは限らない。なぜなら神は、神として唯一であるにとどまらず、時間と空間に縛られない超越者、万物を生んだ創造者、他のいかなるものにも依ることなく存在する自存者、あらゆるものの真偽を区分けする裁定者、永遠で無限に存在する永生者、すべてを行うことができる全能者、こうした様々な属性を持った唯一の存在だからである。したがって、神以外のあるものを、たとえ神と呼ばないにしても、唯一な存在、または永遠な存在と見なすことは偶像崇拝につながる。

クルアーン

人間に命じ、義務を課す権能を持った唯一の存在であるアッラーの言葉は、クルアーンを通じて人々が学び知るところとなる。よく知られるように、クルアーンはイスラームにおける聖典である。ただし、クルアーンとはアラビア語で「読み上げるもの」を意味し、それは六〇九年から六三二年の間、天使ジブリールを通して預言者ムハンマド（五七〇頃～六三二年）に下されたアッラーの啓示そのものを指す。書物としての形をとり、黙読するものをクルアーンと呼ばないわけではないが、啓示そのものを指す場合と区別して「ムスハフ」（書物）と呼ぶこともある。

クルアーンが啓示、つまり神の言葉そのものであるという点は、同じ聖典といってもキリスト教の聖書とはその性質がまったく異なることを意味する。聖書とは、天地創造にはじまり、様々な部族長や預言者について書かれた、主にヘブライ語による旧約聖書の三九の文書と、イエス・キリストの誕生からその弟子たる使徒たちの伝道について書かれた、ヘレニズム諸国で用いられていた公用（コイネー）ギリシャ語による新約聖書の二七の文書を合わせたものである。これらは教会が書簡などの資料を集め、編纂することによって正典化されたものであり、誰が書いたのかについては諸説あるものの、記者の存在を通じて物語

写真1-2　クルアーンを置くための書見台

風の叙述形式をとっている。

これに対して書物としてのクルアーンは、ムハンマドとその周囲の人々によって記憶された神の言葉が、ムハンマドの後継者の時代に写本化されたものである。このため、クルアーンの内容はアッラーが述べる教えに終始しており、いついつ、どこそこに、誰々がいて……といったような叙述形式は見られない。聖書が多くの物語のモチーフとなり、また聖書の内容自体が映画化されてきたのに対し、クルアーンに関してはそのような事例が見当たらないことにも納得がいく。

クルアーンにおける勧善懲悪

本書が扱うイスラームの勧善懲悪は、アラビア語でアムル・ビ・アルマアルーフ・ワ・ナヒー・アン・アルムンカルと呼ばれる。助詞・接続詞・冠詞については割愛するが、アムルが「命令」でマアルーフが「善」、ナヒーが「阻止」でムンカルが「悪」を意味し、直訳すれば「善の命令と悪の阻止」となる。

イスラームの教えの究極的な源はクルアーンであり、「善の命令と悪の阻止」もやはりクルアーンを典拠とする。以下、勧善懲悪について述べられるクルアーンの聖句を見てみよう（なお本書におけるクルアーンの日本語訳は、『日亜対訳クルアーン――「付」訳解と正統十読誦注解』〔中田考監修、中田香織・下村佳州紀訳、作品社、二〇一四年〕による）。

善に誘い、良識を命じ、悪行を禁じる一団がおまえたちの中にあるようにせよ。そしてそれらの者、彼らこそは成功者である。

第三章「イムラーン家」一〇四節

これは勧善懲悪の教義的な根拠について説明される際、もっとも頻繁に引用される聖句である。また、この他にも次のような聖句がある。

男の信仰者たち、女の信仰者たちは互いに後見である。良識を命じ、悪行を禁じ、礼拝を遵守し、浄財を払い、アッラーと彼の使徒に従う。それらの者、彼らをいずれアッラーは慈しみ給う。まことにアッラーは威力比類なく、英明なる御方。

第九章「悔悟」七一節

吾子《あこ》よ、礼拝を遵守し、良識を命じ、悪行を禁じよ。そして、（勧善懲悪に際して）おまえに降りかかったもの（迫害）に対して忍耐せよ。まことに、それは（聖法の定める）物事の定めである。

第三一章「ルクマーン」一七節

二番目の聖句では、勧善懲悪を行ったことで生じうる報復に「忍耐せよ」とある。善を勧めて悪を懲らすためには、負担や犠牲を伴う場合がある。先にクックが引き合いに出した一九八八年のシカゴでの事件、二〇〇六年のサンダーバード車輌内の事件のいずれも、報復の恐れがまったくなかったならば周囲の人々もなんらかの対応をしたかもしれない。だからこそイスラームの勧善懲悪は、事態を運命にゆだねるものではなく、個々人が主体的に実現していくものであると諭している。このことをよく説明しているのが、次の言葉である。

あなたたちの中の誰でも、悪行を見かけたら自分の手でそれを変えるようにしなさい。それができなければ自分の舌で。それもできなければ心で。しかしそれは最も弱い信仰である。

Sahih Muslim, al-Īmān

これは預言者ムハンマドの言葉であり、「スンナ」と呼ばれる彼の慣行に関する逸話を集めた伝承集「ハディース」に収められたものである。預言者ムハンマドは「地上を歩くクルアーン」ともいわれ、アッラーの命じたことを体現することができた人間である。このため彼の言動はイスラームの教えにならったものとして、信仰者が日々の生活で直面する様々な疑問に対する答えとなりえた。大原則や世界観について語るクルアーンと、日常生活の細かい指針について教えるスンナは、イスラームとはなにか、ムスリムとはどうあるべきかについて知るための両輪というべき存在である。宗教イスラームが人々に浸透し、社会に根づくためには、唯一なる神の言葉とともに、人間ムハンマドが必要だったのである。

写真1-3　かつてムハンマドがマッカの軍勢と戦ったマディーナ州の都市バドルの郊外

先述のハディースからは、可能な限り直接的な方法で、また効果を見込んで、個々人が勧善懲悪を果たすべきだという考えが見てとれる。ムハンマド自身、アッラーから下った啓示の内容について人々に宣《の》べ伝えた当初、これを受け入れない周囲から迫害を受け、わずかな信徒とともに故郷のマッカ（メッカ）から北方に約四〇〇キロメートルのマディーナ（メディナ）へと逃走した。しかしムハンマドは、マディーナで最初のムスリム共同体を築き上げることに成功した。つまり、ムハンマドが信仰のためにマッカでの生活を犠牲にしたからこそ、イスラームは存続したのだといえる。

なおこうした経緯から、マッカからマディーナへの逃走は「ヒジュラ」（聖遷）と呼ばれ、ムスリム共同体が誕生する歴史のはじまりと位置づけられる。イスラーム世界で用いられる太陰暦は、このヒジュラを元年元旦とする「ヒジュラ暦」と呼ばれ、マディーナへの移住が恥ずべき敗走ではなく、イスラームの歴史の輝かしい一ページと捉えられていることがよくわかる。

3 イスラーム法と勧善懲悪

法と法律

イスラームの勧善懲悪において善と悪が指すのは、当然ながらイスラームにおいて勧めるべき善と、懲らすべき悪である。したがって、イスラームにおいてすべき、またすべきでない事柄を判断する「イスラーム法」について少し説明しておきたい。

イスラーム法とはなにか。言葉通りにとれば、民法と呼ばれるものが民事にかかわる法であるように、また日本料理と呼ばれるものが日本の伝統にならった料理であるように、イスラーム法とは「法」という一般概念を「イスラーム」という文脈に限定したものとなる。

しかしながら、イスラーム法といった時の「法」が、はたして今日の日本に住む我々が一般に考える法と同じかというと、実は大きく異なる。そもそも我々が法という時、または聞く時、一体なにを指しているのか。多くの場合、その時の法とは国家によって制定された法律を指す。憲法を筆頭に、民法・商法・刑法・民事訴訟法・刑事訴訟法のいわゆる五大法典がそれに続く。より身近なものとしては、地方自治法とそれにもとづく条例、道路交通法、また特定の業界に関する事案を扱った建築基準法や、「風俗営業等の規制及び業務の適正化等に関する法律」(風営法)などがある。法にもとづいた、法を犯したといった場合、我々が想像するのはこうした法律と照らし合わせて合法か違法かという議論である。

このような「法」イコール「法律」の考えは、領土内の平和・秩序を最優先する国民国家のあり方、つまり近代の特徴を反映したものである。しかしながら、実のところ「法」という言葉の意味は多様である。元来、法とは物事に秩序を与える存在を指し、この場合、「法則」と言い換えた方が我々には理解しやすい。この法には社会に秩序を与えることも含まれ、一般には「規範」や「規律」とも言い換えられる。さらに「方法」のように、やり方や仕方という意味も法には含まれる。

では、宗教の文脈において法とはなにを指すか。我々にとって最も馴染み深いのは仏教における法、すなわち「ダルマ」(dharma)であろう。ダルマとは、「保つもの」や「支えるもの」を意味し、転じて真理、存在、規範、教義、釈迦の言葉などを指す、仏教における根本的な概念の一つである。また、「諸法無我」(あらゆる物事に、永遠・不変な「我」はないこと)といった時に、法とは万物を指している。

仮にダルマとしての法と、我々の考える法律とを比べた場合、その違いは明白であろう。法は人間の業を超えた真理、万物、またそれらについての教えであり、地上(現世)に限らない、また時代の趨勢によって左右されない、不変な原理を指す。これに対して法律とは、法が伝える原理や価値を考慮してはいても、人間が集団（社会）の秩序維持のために作った、時代や場所に応じて変化しうるものを指す。

イスラーム法とイスラーム法学

イスラーム法もまた、ダルマと似た性格を持っている点で、法律とは異なる。この点について、「イスラーム法学」と呼ばれるものとの比較を通じて説明したい。

一般にイスラーム法といった時に指すのは、アラビア語で「シャリーア」と呼ばれるものである。シャリーアとは「水場に通じる道」を意味する言葉で、「水場」にたとえられているのはいうなれば「真理」である。「道」はその手段・方法や道程と受けとれる。すなわち、イスラーム法とは信仰者が真理に至るために知り、実践すべき神の導きや教えを指す。シャリーアが神の導きや教えを指すのであれば、それはすなわちクルアーンとスンナではないか。あるいはイスラーム、つまり唯一絶対の神に帰依することと呼び換えても良いではないかと思われるかもしれない。しかし、クルアーンとスンナが唯一絶対の神や死後の世界についても言及するのに対し、シャリーアは人間の行為規範を対象としたものである。したがって、クルアーンとスンナのうち、行為規範の部分をシャリーアと呼ぶのだとひとまずは理解することができる。

話を戻すと、「法」イコール「法律」という前提に立ってしまえば、こうしたシャリーアの指す意味を誤解し、シャリーアがあたかも教義解釈や、人間社会において設けられたルールのごとく捉えられてしまう。つまりクルアーンとスンナを自然法として、それとは別に設けられた人定法、あるいはクルアーンとスンナを上位法とした下位法のようにシャリーアが位置づけられてしまう。しかしシャリーアは人が制定したルールでもなければ、クルアーンとスンナに従属する第三の教義でもない。さらにいえば、法律はその制定者、つまり立法者を制限する力を持っているが、イスラーム法はそうではない。なぜならイスラーム法において制定者にあたるのはアッラーだからである。全能の神が、自らが創り出したものに縛られるということはない。

シャリーアについての誤解を生んだ理由が、まずもってイスラーム「法」という表現にあることはすでに示唆した通りである。加えて、「イスラーム法学」との表現もまた、その誤解を強める面を持つ。一般にイスラーム法学といった時に指すのは、アラビア語で「フィクフ」と呼ばれるものである。一見してわかるように、日本語ではイスラーム法とイスラーム法学という、類似の表現が用いられる二つは、原語ではシャリーアとフィクフという、まったく別のものなのだ。

フィクフとは「理解」を意味するアラビア語で、イスラーム法の文脈では、シャリーアにもとづいて人間の行為にかかわる規範を演繹する、学問的営為を指す。原則にもとづいて定められた細かな規定という点において、我々が考える法律に近いのは、シャリーアよりもこのフィクフだといえよう。ただしフィクフはシャリーアを扱うが、その作業はシャリーアの解釈ではない。この点、イスラーム法とイスラーム法学の関係は、たとえば憲法と憲法学の関係とは異なる。

また、イスラーム法学によって導き出されたものがイスラーム法とはならないことも重要である。この理由は、一つにすでに述べた通り、イスラーム法とは神の導き、教えそのものを指すものであって、人が定めるものではないからである。もう一つは、そもそもイスラーム法学の営みは、シャリーアからの演繹を通じて判断を導くことであって、法律を制定することを目的とはしないからである。学問的営為と述べたように、イスラーム法学を通じて演繹されたものは一種の学説といえるものである。そのため、あるイスラーム法学説が演繹によって導き出した判断があらゆる時代や場所において支配的な効力を持つわけではない。人々は自らが正しいと、あるいは自らに合うと思われる学説を時代や場所に応じて選び取ることができ、それに従うというより、参考にするという具合である。

イスラーム法の対象

フランスの社会学者、E・デュルケム（一八五八〜一九一七年）は、社会学における研究対象を広く「社会的事実」(fais sociaux) と呼んだ。社会的事実は、最初は個人が生み出したものであるかもしれないが、次第に個人の手を離れ、逆に個人を拘束するようになる。そうなると社会的事実は容易には変えられないものとなり、人々に特定の考えや行動を強いるようになる（デュルケム『社会学的方法の規準』宮島喬訳、岩波書店、一九七八年）。たとえば特定の人々の間で広まった流行が、次第に当該社会の慣習やマナーとして確立し、制度化して人々にとっての義務となる、といったことだ。社会的事実の生成における最終形態は法律といえよう。法律は個人の手を離れた外在性と個人によって容易には変えられない固定性、さらには強制力と拘束力を持ち合わせ、法を犯した者は等しく法によって罰せられるのが原則である。

しかし、本当に法律は我々を拘束しているのだろうか。確かに我々の多くは法律にのっとって日々の生活を送り、これに違反すれば法律にもとづいて罰を受ける。しかし法律が執行を命じる対象は、正確には我々ではなく行政・司法機関である。たとえば刑事事件において、法律は警察に対し、法律を犯した疑いがある者を捜査・拘束し、検察に送検することを義務づけている。検察はその被疑者を証拠にもとづいて起訴するかどうかを決定する義務がある。そして起訴された場合、裁判所はその被告に対して刑罰を与えるかどうか、与えるとすればどのような刑罰かを決定する義務がある。

このプロセスを見れば、やや暴論かもしれないが、社会に住む個々人は法律に対して直接的な義務を負っていないということもできる。法律は行政・司法機関に対して法を犯した者を罰するよう義務づけるが、個々人に対して法を守るよう、また法を犯した場合は自首・出頭するよう、直接には命じていない。個々人は国家を介在することで、あくまでも間接的に法律による命令と拘束を受けている。

これに対してシャリーアは、神が信仰者である個々人に直接に命じるものであって、両者の間に国家や公的機関は介在しない。イスラーム法に従う目的は、正しい信仰者として生き、天国に行くことであり、逆にイスラーム法に背くことで受ける罰は地獄に行くことである。イスラーム法に従うことで得られる褒賞も、背くことで受ける懲罰も、現世における、人（国家）の手によるものではない。

言い換えれば、法律において個々人は対象ではない。ある人が犯罪を行いながらも罰を受けない場合、法律違反を犯しているのはその人ではなく、その人を逮捕するよう命じられている警察であり、必要に応じて起訴し、刑罰を与えるよう命じられている検察や裁判所なのである。一方、イスラーム法においては、それが神によって個々人に命じられたものである以上、これに違反したのはその人である。つまり個々人がイスラーム法の対象となる（このためイスラームにおいては、法人という概念も存在しない）。

以上の点を踏まえれば、シャリーアから演繹されるフィクフが学説にとどまり、法律のように共通化・明文化されない理由の一端がうかがえよう。裁きは神の職掌であり、人が人を罰する前提で共通したルールを設けるというのは、人間集団の内的秩序を優先するという近代国家においては意味を持ちうるが、神と人間との直接的な関係を前提としたイスラーム法にはない発想である。

イスラーム法学の役割

シャリーアは神による不変の教えであり、そこにはイスラームにもとづいた行為規範のエッセンスが詰め込まれている。人間がその行為規範を日々の生活において実践するためには、内容を咀嚼し、時には時代や場所に当てはめて応用する必要がある。人を酔わせて義務である礼拝を妨げうるものは禁じられるというならば、アルコールが入った菓子も避けるべきか、ノンアルコールのビールは構わないのかといった様々な疑問が日常生活の中で湧いてくる。これらの答えをシャリーアから、つまりクルアーンとスンナを用いて演繹するのがイスラーム法学である。

試みに卑近な例を挙げてみよう。アメリカで活躍する野球選手、ダルビッシュ有は、イラン人の父を持ち、おそらくはシーア派のムスリムとして育ったと思われる。そんな彼が高校を卒業し、就職したのが、日本のプロ野球球団、北海道日本ハムファイターズである。いうまでもなく、同球団の運営母体はハム・ソーセージ製造の国内大手、日本ハム株式会社である。彼自身や家族の宗教についての考えについては計り知れないが、豚肉を主力製品として扱う会社にムスリムが就職したということに周囲が躊躇を覚えた可能性は否定できない。

これと同じ疑問を、現代シーア派のイスラーム法学者を代表する碩学である、イラク在住のアリー・シスターニー（一九三〇年～）がホームページ上で受けつけていた。「豚肉を扱う会社で働くことには問題があるか」という質問に対して、シスターニーは、「直接に豚肉を扱うのでなければ問題ない」との回答を出している。これにならえば、ダルビッシュ選手の場合、日本ハムを運営母体とするが、業務として豚肉を扱うわけではない日本ハムファイターズで野球選手として就業することは、シャリーアの違反にはあたらないことになる。質問者に関しても、シスターニーによる判断を通じて、ある程度の安心を得て「豚肉を扱う会社」で働くことができるというわけだ。

以上はあくまでも一例だが、ここに見られるように、イスラーム法学による行為規範の体系化は、信仰者の生活における様々な場面において、イスラーム的に正しいかどうか、蓋然性の高い回答を提供することを役割としている。学説としてのあり方にとどまり、六法全書のように統一された法典を持たないイスラーム法学は、ともすれば曖昧で、不便なものにも思われるかもしれない。しかし見方を変えれば、それは神が下したシャリーアの聖性を侵さないという姿勢の表れであり、またあらゆる時代や場所に応じたイスラーム社会の形成に貢献するものだともいえよう。

4 勧善懲悪の制度と担い手

ヒスバ

神が命じた事柄と禁じた事柄を明確にし、それらにもとづいた人間の行為規範を求める作業を通して、イスラーム法学はムスリムが行う勧善懲悪とはなにかについて整理を試みてきた。すでに述べたように、勧善懲悪は信仰者個々人の内面の姿勢のみを指すわけではない。むしろ他者への働きかけを重んじることで、社会全体がイスラームの教えにもとづいて形成されることを目指すものである。そのため、イスラーム法学において勧善懲悪は統治の観点から語られることが多い。

その代表的なものが、アッバース朝（七五〇～一二五八年）で活躍したイスラーム法学者、アリー・イブン・ムハンマド・マーワルディー（九七五～一〇五八年）の主著『統治の諸規則』であろう。アブー・ヤアラー・ムハンマド・イブン・ファッラー（九九〇～一〇六六年）による同名の著作とともに、同書は勧善懲悪の制度化に関する古典として、次章以降で扱う国・地域においても広く読まれている。

『統治の諸規則』をはじめとした、勧善懲悪を扱うイスラーム法学の教学書において重要となるのが、「ヒスバ」と呼ばれる概念である。ヒスバとは、「計算」や「合計」を意味するアラビア語で、数学や会計学においても用いられる一般的な用語である。しかしイスラーム法学において同語は、善行を積んで来世での神からの報償を見込むという意味合いを持つ。積善の宗教イスラームでは、世界が終末を迎えた後、すべての魂が天に召される復活の日を迎える。その際に人々は天国に行くか地獄に行くかの審判を受けることになるが、その審判において判断材料となるのが生前に行った善行と悪行である。ヒスバとはそれらの差において善行が上回るように、人々が天国に行くための計算が行われる状況を示唆している。

マーワルディーの『統治の諸規則』では、このヒスバを軸に、勧善懲悪をどう実践するか、また社会においてそれをどう制度化するかについて説明がなされている。同書に収められた「ヒスバの諸規則」と題された章で述べられる、ヒスバについての定義を見てみよう。

> ヒスバとは、よいことがないがしろにされているときに、それを行うよう命じ、非難すべきことが行われるときに、それを禁ずることである。
>
> アル＝マーワルディー『統治の諸規則』湯川武訳、社団法人日本イスラム協会協力、慶應義塾大学出版会、二〇〇六年、五七六頁

ここにおいて「よいこと」、また「非難すべきこと」とされる基準は、いうまでもなく神の教えにならっているかどうかである。さらに重要なことは、「命じ」、「禁ずる」のは人間（信仰者）であることだろう。改めて、勧善懲悪のエッセンスが他者に対する積極的な働きかけにあることがわかる。

より強く、勧善懲悪を軸とした統治論を展開したのは、マムルーク朝（一二五〇〜一五一七年）の時代に活躍したイスラーム法学者、イブン・タイミーヤ（一二六三〜一三二八年）である。彼は著書『イスラームにおけるヒスバ』の中で次のように述べている。

「男の信仰者たち、女の信仰者たちは互いに後見である。良識を命じ、悪行を禁じる。」（クルアーン第九章「悔悟」七一節）と〔神が〕仰せられたように、これが預言者と信徒たちの性質であり、またこれは能力のあるすべてのムスリムに対する義務なのである。そしてそれは連帯義務であり、他の者がそれを行わない場合、能力がある者には個別義務になる。そして能力とは権力（スルタン）と職務であり、権力者たちは他の者より能力が高いので、彼ら以外の者にはない義務が課されることになる……イスラームの職務はすべて、それがスルタンの代理である最高軍司令官であれ、警察公職であれ、裁判職であれ、帳簿係である財務職であれ、行政監督職のような下位の職務であれ、その目的は善の命令と悪の禁止に他ならない。

イブン・タイミーヤ『イブン・タイミーヤ政治論集』中田考編・訳・解説、作品社、二〇一七年、二二〇頁

この通り、イブン・タイミーヤは勧善懲悪をすべてのムスリムに課された義務としつつ、各人の能力や権力には差があることに鑑み、それらを最も多く持つべき、公職に就く人々が負うべき責任と位置づけている。それゆえ、ヒスバはイスラーム法学や統治論の文脈では「行政監督」として理解されうる。

ムフタスィブ

この行政監督を任されたのが、「ムフタスィブ」と呼ばれる官吏である。ムフタスィブとは、「ヒスバを行う人」を意味するアラビア語で、先述のマーワルディーはムフタスィブの任にあたる者が奴隷ではなく自由身分であり、公正さと健全な見識を兼ね備え、宗教に関して厳格さと非情さをもち、一見して非難すべき行為についての知識を有していることが条件と説明する。

とりわけ最後の点は、ムフタスィブの資格としては重要な条件といえる。というのも、先に言及した通り、ある問題に対してイスラーム法学が下す善悪の判断はあくまでも学説としての性格にとどまり、学者間に異論のある場合がある。これを背景に、善悪についての判断が既存

表1-1 「ヒスバの諸規則」で定められるムフタスィブの業務区分

	神の権利にかかわること	人間の権利にかかわること	神と人間の双方の権利にかかわること
善を命じること	集団に対して命じられること 例）集合礼拝	公共の事柄 例）公共設備事業	例）婚姻、家畜、扶養
	集団と個人に命じられること 例）礼拝	私的な事柄 例）債務	
悪を禁じること	神事（信仰の実践）に関すること 例）礼拝	例）不動産、雇用、教師、医者	例）家屋、庇護民、奴隷、家畜
	禁じられた行為および疑わしい状況や考えから人々を遠ざけること 例）未婚男女の同席、飲酒、歌舞音曲		
	人事（人々の間の社会的行為）に関すること 例）姦通、利子、詐欺		

の法学者の判断において分かれている場合は自らの判断を人々に強制しないという説もあれば、自らが法学的判断を下さなければならないとする説もある。

では、ムフタスィブが取り締まる善悪とは具体的になにを指すのか。先に紹介した「ヒスバの諸規則」の中で、マーワルディーはまずムフタスィブの業務を（一）「善を命じること」と（二）「悪を禁じること」に大別した後、それぞれを①神の権利にかかわること、②人間の権利にかかわること、③神と人間の双方の権利にかかわることの三つに分け、さらにそれらを細分化している。表1－1は、その内容を簡潔にまとめたものである。

イスラーム法が神と人間の直接の関係を通して命じられたものであることはすでに述べた。ただし、神の命じたことは神を相手とした信仰の実践（神事）に限らず、隣人や共同体を相手とした日常生活の規範（人事）が含まれる。このため、イスラーム法の実践には、いわゆる法律と同様に、離婚や財産、建築や職業にかかわる様々な事案も含まれ、ムフタスィブによる取り締まり対象もまた非常に広範なものとなる。

しかしながら、イスラーム社会を扱う歴史学では多くの場合、ヒスバが「市場監督」と訳されてきた。先に述べた行政監督と市場監督、いずれも公職の意味合いを含んでいるが、後者ではどうにも「ヒスバの担い手」としては意味が限定されているように思える。これは、ムフタスィブの職務実態に起因する。実際、「市場監督官」とはムフタスィブに対して実際に用いられた別称の一つであり、町で扱われる様々な商品についての知識が書かれた「ヒスバの手引書」、すなわちムフタスィブのマニュアル本が中世には数多く見られた。たとえばイスラーム史学者の佐藤次高は、砂糖菓子の不正に関する取り締まりについての「マニュアル」の内容を次の通り紹介している。

甘菓子屋のなかには、甘いパンケーキ（ミシュバク）やカイロ菓子（カーヒリーヤ）に蜂蜜ではなく、粗糖を入れてごまかす者がいる。これは明らかなごまかし（ギッシュ）であるが、さらにナツメヤシのやわらかな甘みや石けん菓子に、慣例の量を超えて澱粉《でんぷん》を混ぜる者もいる。このごまかしの印は菓子〔の外見〕が汚れて見えることである。

イブン・アルウフッワ『ヒスバの規則』（佐藤次高『砂糖のイスラーム生活史』岩波書店、二〇〇八年、

九九頁より）

このような、市場で売買される商品の質や量に関する不正に目を光らせることをムフタスィブの主たる役割と位置づける向きは、統治論の類にも見られる。たとえばセルジューク朝（一〇三八～一一五七年）で宰相を務めたニザーム・アルムルク（一〇一八～一〇九二年）は、主著『統治の書』の中でムフタスィブの役割について次のように述べている。

> ［帝王は］どの都市にもムフタスィブを任命しなければならない。量目や価格が正しく保たれ、売買が正しく行われているかどうかを知り、方々からもたらされて市場で売られるすべての商品について、粗悪品や欠陥品がないかどうか注意を払い、量目を正しく保ち、勧善懲悪を行うためである。帝王や役人はムフタスィブの権限を強くせねばならない。なぜならそれは王国の基礎であり、公正なる施策の結果であるからだ。もしそうでない事態となるなら、貧民は苦難に陥り、市場の者たちはほしいままに売買し、私利を求める者が横行し、堕落が生じ、シャリーアは威光を失ってしまう。
>
> ニザーム・アルムルク『統治の書』井谷鋼造・稲葉穣訳、岩波書店、二〇一五年、五四頁

ここでは、ムフタスィブの存在理由がシャリーア、つまり神の教えにもとづいた統治を社会

において実現することである点が説明されるが、彼らの具体的な役割としてはやはり市場での商品とその取引の監督が紹介される。そのほか、百科事典 *The Encyclopedia of Islam* の「ヒスバ」の項を見てみても、紙幅のほとんどは市場監督官としてのムフタスィブに割かれており、ヒスバの意味内容が勧善懲悪の実践のごく一部に狭められている様子がうかがえる。

そして近代以降、ムフタスィブが行っていた取り締まり業務は、通常の商法あるいは治安上の案件として、世俗法や世俗機関の管轄となった。これによって、勧善懲悪という神の教えにもとづき、ヒスバの名のもとでイスラーム法学において整備された風紀取り締まりの制度は過去の遺物ともいえるものになってしまった。次章以降、本書で紹介する宗教警察は、このように消えかけていたヒスバというイスラームの思想・制度を掘り起こし、神の教えにもとづいた社会の秩序形成の役割を負ったものである。

5 禁止事項と刑罰

現代の宗教警察の事例へと話を進める前に、宗教警察が取り締まる事案や、これに対して科される刑罰について簡単に説明しておきたい。

取り締まり事案はイスラームにおいて禁止されているあらゆる行為を指し、その数には限りがない（同時に、その悪行を防ぐ「善」にもまた数に限りはない）。そこで、ここではヒスバの名のもとで行われる取り締まり事案のうち、代表的なものを挙げるにとどまる。

礼拝の不履行

一つ目は礼拝の不履行である。ムスリムは一日五回の定められた時間帯に、聖地マッカの方向に礼拝を行うことを義務とする。宗教警察は人々がこの義務を怠ることがないよう、市中でパトロールを行う。とはいえ、市民一人一人の礼拝する姿を目視することは不可能であり、何より宗教警察自身も礼拝の義務を負っているため、その時間を犠牲にして人々に礼拝を強いることはできない。彼らが行うのは、あくまでも人々が礼拝を行うよう促すこと、そして礼拝が可能な環境の維持に努めることである。

礼拝は自宅で行っても構わないが、可能であれば礼拝所であるモスクで、集団で行うことが推奨される。そのため礼拝の時間になると、宗教警察は市中に出て、人々に至近のモスクや礼拝スペースに行くよう呼びかける。礼拝の時間は定められているため、そのタイミングでたとえば外を歩いている人がいれば、その人物は礼拝の義務を怠っていると判断できる。「礼拝の時間になにをほっつき歩いているんだ！」という具合に指導を行う姿は、深夜にうろつく子供に対する補導のようなものとイメージすれば良いだろう。なお、人々が礼拝に向かうことを促すために、宗教警察は礼拝時間に商店に店を閉めさせることがある。礼拝時間になっても店が開いていれば店に客がとどまり続け、礼拝の妨げになるというわけだ。

写真1-4　スルタン・アフメト・モスクの中庭。イスタンブル（トルコ）にて

性秩序・規範

二つ目は、姦通をはじめとした性秩序・規範の問題である。ここで取り上げる姦通とは合法的な

婚姻関係にある相手以外と性的交渉を持つことで、未婚の男女、既婚であっても夫婦ではない男女、親族間、また同性同士といった、法的な男女の夫婦以外の間で行われるあらゆる性的交渉を含む。同様に売買春も取り締まりの対象となる。ちなみに一説では獣姦も姦通に含まれるが、これは事例としては少なく、特化した取り締まりは行われていないようだ。

姦通に準ずるものとして、親族ではない男女の交流も同様に取り締まりの対象となる。もちろん交流といっても、公共交通機関で席をゆずる、食料品店で店員と客の関係として言葉を交わすといった程度ならば問題ない。要は不適切な関係、とりわけ姦通につながるような親密な関係に発展しないかどうかという点が重要となる。

以上を取り締まるべく、人気のない場所や暗い場所で男女が同席するような状況に、宗教警察は目を光らせている。第2章と第3章で取り上げるサウジアラビアでは、女性の自動車運転や映画館が禁止されていたが、自動車運転の禁止は女性が周囲の目のない場所に容易に行ける事態を防ぐことが主たる目的である。映画館がないことについては、「サウジアラビアは市民の娯楽を禁じている」「イスラームは映像（偶像）を禁じている」といった批評が見られるが、これも根本は、暗がりに人々が集まり、「いかがわしい」行為を容易にさせる事態を防ぐという単純な理由と考えられる。

これと関連した取り締まり事案として、服装に関するものが挙げられる。女性は髪と肌、また身体のラインを隠す衣装が義務づけられ、男性も必要以上に襟元を開いたシャツやタンクトップ、また膝より丈の短い半ズボンなどの着用は取り締まりの対象となることがある。総じて、セックスアピールにつながるファッションは禁じられることが多い。なお男性の服装を取り締まる背景には、同性愛への警戒も含まれる。そもそも異性の装いをすることは忌避されるが、男性の女装はとりわけ良くないこととされ、この一環として男性の長髪が注意の対象となることもある。

ちなみに、英語で男性の同性愛を指すsodomyという単語がある（とくに肉欲的な愛を指す）。これは旧約聖書の「創世記」に登場する町ソドムに由来したものである。ソドムといえば、性の乱れをはじめとした道徳的な堕落が原因で神の怒りに触れ、ゴモラとともに焼き尽くされた都市である。これに因んで男性同士の性的な関係を「ソドムの罪」といい表しているわけだ。アラビア語でも類似の表現があり、それは「ルート」である。ルートとは、やはり創世記に登場するアブラハムの甥、ロトを指す。ロトはソドムの住民ではあったが彼本人は堕落しておらず、ソドムが滅ぼされる際に天使の手引きによって家族とともに街を脱出した。アラビア語では、同性愛を「罪」としていい表す際、ソドムの代わりにロトの名前が用いられていることになる。

アルコール

最後に、アルコールに関する問題を挙げておこう。アルコールの摂取は原則として禁じら

写真1-5　国民の約3割がキリスト教徒のレバノンで人気の地ビール「アルマーザー」

れ、酒類の所蔵や販売、そして飲酒はおおむね取り締まり対象となる（当然、密輸や密造も禁じられる）。宗教警察は人々が外国から酒類を持ち込んでいないか、自宅や人気のない場所で酒類を密造していないか、飲酒をしていないか、雑貨屋や飲食店が隠れて酒類を提供していないかに目を光らせている。

　ところで、イスラームが酒類を禁じていることは非常によく知られており、日本人の間では「私はお酒が好きだからムスリムになれない」といった声もしばしば聞かれる。しかし実際にイスラーム諸国を訪れた際、町中で酒類が提供されている光景を見る機会は意外と多い。まずもって、ムスリムが多数を占める地域であっても、キリスト教徒をはじめとした他宗教の人々が日常的にお酒を飲むことがある。キリスト教徒は教会で聖餐式を執り行う際にワインを用いるため、キリスト教地区に行けばワインをはじめとした酒類が堂々と販売されていることもある。また、観光地など外国人が多く訪れる場所では、外資系ホテルのレストランやラウンジで酒類を提供するケースも多い。

　このように酒類がやむをえず存在することに乗じて、ムスリムであっても個人的に酒類を嗜む人もいる。これをしなければならない、これをしてはならないといった教えは、根本は個々人が実践するかどうかの問題である。仏教徒が仏教を、キリスト教徒がキリスト教を完全に体現するとは限らないのと同様に、ムスリムであってもイスラームを完全に体現するわけではないのである。

どう罰するのか

以上の取り締まり対象は、いずれもイスラーム法学において刑罰の対象となる代表的なものである。では、これらの罪を犯した人々をどう罰するのだろうか。刑罰に関する次のハディースを見てみよう。

アブー・フライラによると、神の使徒［預言者ムハンマド］は「姦通を犯す者はそれを行うとき信仰者ではなく、酒を飲む者はそれを飲むとき信仰者ではなく、盗む者は盗むとき信仰者ではなく、また、人が羨む獲物を取る者も信仰者ではない」といった。

『ハディースVI』牧野信也訳、中央公論新社、二〇〇一年、七二頁

このハディースによれば、姦通や飲酒は行った者をムスリムではなくす、すなわち棄教ともいえる行為と位置づけられる。また姦通については、次のように刑罰の様子が語り継がれてい

る。

アブー・フライラによると、或る男がモスクに居る神の使徒のところへやって来て声をかけ「神の使徒よ、わたしは姦通してしまいました」といったが、彼は顔をそらした。するとその男はこの言葉を四回繰り返し、さらにそれが偽りでないことを四回証言した。そこで預言者が「お前は気違いか」と尋ねると、彼は「いいえ」と答え、「では、お前は結婚しているか」と尋ねたとき、「はい」と答えた。これを聞いて預言者は「この男を連れて行って石打ちにせよ」と命じた。

『ハディース VI』牧野信也訳、中央公論新社、二〇〇一年、八六頁

アッ・シャアビーによると、アリーは或る金曜日に一人の女を石で打たせ、「神の使徒の慣行に従って、わたしはこの女を石打ちにした」といった。

『ハディース VI』牧野信也訳、中央公論新社、二〇〇一年、八二頁

これらのハディースは、姦通を行った者に対して石打ちの刑罰が確定するためのいくつかの条件が提示されている点で興味深い。まず、四回の証言が必要となること。これは姦通を行った本人以外の証言者の場合も同様である。また、姦通を行った者が精神疾患などを持っておら

ず、既婚者であること。既婚かどうかという点については、姦通を行った者が未婚であるか既婚であるかで刑罰の内容が異なり、未婚の場合は鞭打ちのみとする説がある。単なる不純異性交遊よりも、不倫の方が罪深いというわけだ。なお飲酒については次のようなハディースがある。

アナス・ブン・マーリクによると、預言者は酒を飲んだ者をなつめやしの枝と靴で打たせ、アブー・バクルは四〇回鞭で打たせた、という。

『ハディースⅥ』牧野信也訳、中央公論新社、二〇〇一年、七二頁

アッ・サーイブ・ブン・ヤズィードによると、神の使徒の時代からアブー・バクルの治世を経てウマルの治世のはじめまで、酒を飲んだ人が連れて来られると、手や靴や服で打たれたが、ウマルの治世の終わりに、彼は四〇回の鞭打ちを科し、さらに不遜で罪を重ねる場合、八〇回鞭打たせた。

『ハディースⅥ』牧野信也訳、中央公論新社、二〇〇一年、七三頁

こうした古典において言及される刑罰を、イスラーム法学において「ハッド刑」と呼ぶ。「ハッド」は「固定」を意味するアラビア語で、たとえば飲酒は鞭打ち何十回、姦通は石打ち

というように、一部の罪に対する刑罰内容がムスリムのならうべきテキストの中ですでに定められているためそう呼ばれる。これに対して、裁判官などの判断によって科される刑罰を「タアズィール（裁量）刑」と呼ぶ。宗教警察は原則として行政機関であるが、これらのイスラーム法学にもとづいた刑罰を執行することで、司法機関としての機能も備えているケースがある。ただし、以上のハディース通りの刑罰を必ずしも科すわけではなく、たとえば第5章で紹介するインドネシア・アチェ州の宗教警察では極刑（石打ち）は存在しない。宗教警察がどのような捜査を行い、刑執行にどの程度かかわるのかについては、国や地域によって異なる。

イスラームゆえなのか

宗教警察の思想的な背景や取り締まりの対象について確認したことで、やはりイスラームは厳しい宗教だとの印象を持った読者もいることだろう。近年では健康やワーク・ライフ・バランス（仕事と生活の両立）に対する関心の高まりなどから、無理にお酒を飲まない人も増えてきたように思う。また「草食系」という言葉が流行したように、性に対する関心が弱まっているのかもしれない。しかしそれでも、お酒や性的交渉、また男女の交流が「警察」によって禁止されているという状況については、等しく与えられるべき自由や権利が国家の暴力装置によって奪われていると不快に思う人々が多いのではないだろうか。お酒を控えるのも性への関心の低下も自らが選択したことであって、これを強制的に取り締まり、禁止するとはなんと息苦しい社会なのかと、そしてそれを命じるイスラームとはなんと厳しい宗教なのかと。

しかしながら、飲酒や性秩序・規範の乱れを対象とした風紀取り締まりは決してイスラームに特有なものではない。先に紹介した悪徳抑圧協会や sodomy の例に見られるように、キリスト教社会にもまったく同じか類似の考えはある。さらにいえば、これは宗教に特有なものでもない。社会の風紀を維持するため、男女交際などに目を光らせていた社会として、我々が真っ先に思いつくのは太平洋戦争前の日本ではないだろうか。一九一一年から一九四五年の終戦まで活動した特別高等警察（特高警察）は、社会主義や無政府主義、またこれらに関連した外国人集団の取り締まりを行う中、国民精神総動員運動（消費節約、勤労奉仕、生活改善といった滅私奉公を推進する運動）や治安維持法といった大義、また思想警察というパートナーないしは競合勢力の存在を背景に、国内及び植民地下のアジアで経済、宗教、文化に及ぶ幅広い事案を取り締まった。

また、道徳への意識の高まりを背景に風紀取り締まりが盛んであった事例として、アメリカを挙げることもできる。一九世紀、アメリカでは独立時の規律や道徳心を取り戻そうという機運のもと、性道徳に対する意識が強まった。さらに産業革命による貧富の差の広がりを受けて、純潔やレディーファーストといった、禁欲主義的な礼節を重んじる機運も高まりを見せた。性を婚姻関係の外には出さず、肉欲的な愛ではなく精神的な愛を重んじるという、いわゆる「ヴィクトリア時代」の文化である。男性は女性に対する礼節を守り、女性は貞節を守るというこの考えは当然、異性愛を念頭に置いたもので、この前提を崩す同性愛や、精神的な愛よりも肉体的な愛を目的とした売買春などは規制の対象となった。

そして二〇世紀になると、アメリカはヴィクトリア時代と第一次世界大戦の終わりを受けて、風紀取り締まりの新たな局面を迎える。一九世紀の後半から、社会の道徳的退廃を危惧する人々によって禁酒運動が盛り上がりを見せ、一八六九年に政治政党として「禁酒党」(Prohibition Party)が、一八七四年には社会運動団体として「キリスト教婦人矯風会」(Woman's Christian Temperance Union)が設立され、アメリカ社会から酒類を一掃しようとする声が目立ち始めた。こうした流れを下地として、第一次世界大戦中、節度節制を妨げ、社会の治安を乱し、さらに敵国ドイツの主要輸出品である、ビールをはじめとした酒類の販売が「禁酒法」によって規制され始めたのである。

しかし第一次世界大戦後、アメリカ社会は好景気を背景に戦争から帰還した若い男性のエネルギーで満ち溢れた。彼らはダンスやデートに興じ、女性も化粧をし、着飾ってこれに応じた。禁酒法や矯風会といったヴィクトリア時代の道徳を重んじる人々と、自由と活気に満ちた新たな時代の幕開けを切望する人々との間で、社会のあり方をめぐる世代間闘争が生じた。ちなみに、禁酒運動ほど有名ではないものの、道徳の退廃に加えて、性秩序・規範の面でも争点となったのが、煙草規制をめぐる運動であろう。純真で禁欲を尊ぶ人格が求められた女性が煙草を吸うことは、飲酒同様に敬遠され、実際にいくつかの州では法律によって禁止された。

こうした社会における道徳観をめぐる意見の対立は、次章以降に扱うイスラーム社会でも見られる光景である。宗教警察と彼らの風紀取り締まりは、一方で時代の変化に水を差すものと批判され、他方で社会の道徳的荒廃を阻止するとして評価される。もっとも、人々の真意は風紀取り締まりに賛成か反対か、単純に二分されるわけではない。風紀取り締まりに反対の声を上げる人が宗教的価値観や社会における道徳観の破壊を望んでいるとは限らず、賛成の声を上げる人にしても、人々の生活からあらゆる娯楽が奪われることを望んでいるわけではない。

一九二〇年代から三〇年代のアメリカでは、風紀取り締まりを訴える人々と、これに抗って新しい生活慣習を求める人々とのはざまで、人生の価値観をめぐってさまよった青年たちが「失われた世代」（ロストジェネレーション）と呼ばれた。彼らは酒やジャズを嗜み、パーティーで初めて出会った異性と会話を楽しむなど、ヴィクトリア時代と決別した華やかな青春を過ごす一方、価値観の喪失による満たされなさを抱えた。

もともと文学に対して用いられることが多かった「失われた世代」を代表する作家、S・フィッツジェラルド（一八九六〜一九四〇年）の、奔放で華やかだが、失意を繰り返し味わった人生がこの満たされなさをよく表している。彼の代表作『グレート・ギャツビー』の主人公であるジェイ・ギャツビーも、若くして多くの富を得て、高級住宅地に構えた自宅で夜な夜なパーティーを開き、多くの人々に囲まれて優雅な生活を送るが、その背景には彼の心に落ちた一つの大きな影があった。

風紀が厳しく取り締まられ、道徳や秩序が維持された社会であれば人々は幸せな生活が送れるのか。風紀を因習と捉え、そこから解放された社会の方が人々は幸せになれるのか。以降、具体的な宗教警察の事例を取り上げる中で、こうしたイスラームや宗教に限らない問題についても考えていきたい。

第 2 章
サウジアラビアの勧善懲悪委員会

写真 2-1　リヤドで毎年行われる高等教育展に設けられた勧善懲悪委員会のブース

1 サウジアラビアの特殊性

イスラーム社会と聞けば、多くの日本人は「砂漠」や「石油」、また「厳しい戒律」といったものを連想するかもしれない。これにならえば、国土の大部分が砂漠に覆われ、日本の原油輸入量の約三割を占める産油大国であり、公共の場でイスラームのルールやマナーが課されるサウジアラビア王国は、日本人にとっての典型的なイスラーム社会といって良いだろう。もっとも「砂漠」や「石油」はイスラームとは本質的に無関係である。一方で「厳しい戒律」については イスラームの教えに由来するものだが、だからといって世界のイスラーム社会のすべてで「厳しい戒律」が課されているわけではない。ムスリムが多数を占める国・地域であっても戒律の厳しさをほとんど感じさせない国もある。

イスラーム社会と一口にいっても様々な中で、サウジアラビアについては確かに「厳しい」と思わせる要素がいくつかある。その代表的なものが宗教警察の存在であろう。先述したように、サウジアラビアの宗教警察については、インターネットの報道などでその活動が伝えられることもあるが、実態について詳しく知る機会はほとんどない。本章では、サウジアラビアの宗教警察がどのような組織で、どのような風紀取り締まりを行っているかについて、同国の成

図2-1　長靴のような形をしたアラビア半島。中心にあるリヤドを首都として、同半島の大部分を占めるサウジアラビア王国

り立ちや特徴を確認しながら説明したい。

サウジアラビアという国

アラビア半島の大部分を占めるサウジアラビア王国は、世界第一三位となる約二一五万平方キロメートルの面積、約二九〇〇万人の人口を誇る、中東地域の大国の一つである。近年ではエジプト、シリア、イラクといったかつてのアラブの大国が、二〇一〇年末以降の政変「アラブの春」を経て政治・治安・経済面で不安定に陥る中、地域のリーダー国として

イニシアティヴをとろうとする動きも見られる。そのサウジアラビアが持つ、周辺諸国と比べたいくつかの特殊性についてまずは述べておきたい。

サウジアラビアと聞けば、イスラームの聖地であるマッカ（メッカ）とマディーナ（メディーナ）を擁していることから、イスラーム文明の中心地といった印象を持つ人が多い。しかしながら、同国の直接的な起源は一八世紀半ばであり、ウマイヤ朝（六六一～七五〇年）からオスマン朝（一二九九～一九二二年）に至る、マッカとマディーナを支配してきた歴代のイスラーム王朝とも連続性を持っていない。

サウジアラビアの首都リヤドは、イスラームの歴史において特段の重要性を持っておらず、たとえばシリアのダマスカス、イラクのバグダード、エジプトのカイロ、トルコのイスタンブル、イランのイスファハーン、ウズベキスタンのサマルカンドなどの歴史的都市とは比べものにならない「田舎」であった。そもそもリヤド一帯のアラビア半島中央部のナジュド地方が、イスラーム世界の中で後進地域といえる場所である。なお近年では、ナバテア人（紀元前二世紀から紀元後一世紀に現在のサウジアラビア北東部からヨルダン南部に住んでいたアラブ系の遊牧民）の遺跡を、観光産業促進の観点からサウジアラビアの偉大な文明の一端として紹介する向きも見られるが、これらはナジュド地方とは異なる文化圏にある。この点、エジプトやシリアといった、イスラーム以前の文明とイスラーム以後の文明が同じ地域に集まっている周辺の国々とはやはり異なる。

このこととも関係し、サウジアラビアの二つ目の特殊性として述べておきたいのは、多くの周辺国とは異なり、植民地化を経験していない点である。一八世紀に本格化したヨーロッパ諸国によるアジア・アフリカ地域への植民地政策によって、エジプトやシリア、イラクやチュニジアなどは、二〇世紀前半に西洋式の教育システムや都市計画、また世俗主義にもとづいた政治体制が導入されるなど、第二次世界大戦及びその後の独立に至るまでヨーロッパの強い影響を受けてきた。

写真2-2　ナバテア人の古代都市マダーイン・サーリフの遺跡。2008年にサウジアラビア初となる世界遺産に登録された

しかしサウジアラビアは、一八世紀半ばに原型となる第一次王国が誕生して以降、現在に至るまで、外国による支配も委任統治も受けなかった。このため、エジプトやシリアなどが独立後に直面した世俗主義政府と在野のイスラーム勢力の対立、また軍事クーデターなどの混乱を免れた。

イスラーム世界における後進地域に興った新しい国であること。ヨーロッパによる植民地化を経験していない国であること。これら二つを背景に、サウジアラビアはイスラーム社会としての伝統や近代国家としての下地に乏しかった一方、「中世」や「西洋」といったバイアスのない、独自の国家建設を進めることができた。

建国とイスラーム

では、サウジアラビアはどのように誕生し、どのような国づくりを進めたのか。サウジアラビアは近代の西欧法でいう民事・刑事の両分野に、部分的であれ、先に紹介したハッド刑を含む、イスラームにもとづいた法律を採用している。これは為政者や国民の多くがムスリムである国としては当然のように思われるかもしれない。しかし現実には、離婚や財産分与に際してイスラーム法学にもとづいた裁判が行われることはあっても、一般犯罪に対して身体刑を含む宗教法を採用する国は限られている。

またサウジアラビアは、多くのムスリム社会に見られるスーフィズム（神秘主義）の教団や聖廟への参詣といった慣習を、イスラームにもとったものとして否定する。一部の国では公式な祝日と定められている預言者ムハンマドの誕生祭についても祝祭ムードは見られない。こうした点においてサウジアラビアは、西洋諸国はいうに及ばず、周辺イスラーム諸国と比べても特異な宗教的立場を採っている。この特異性について、サウジアラビア建国のあらましを簡単に眺めることで説明したい。

現在のサウジアラビアは、一八世紀半ばに興った第一次王国（一七四四～一八一八年）、一九世紀初頭に興った第二次王国（一八二〇〜一八八九年）に次ぐ、二〇世紀前半以来の第三次王国（一九三二年〜）と位置づけられる。第一次王国の興りは一七四四年、リヤド郊外のディルイーヤで、同地区を根城としていた豪族の長ムハンマド・イブン・サウード（一六八七〜一七六五年）が、当時のナジュド地方で厳格なイスラーム法学者として知られていたムハンマド・イブン・アブドゥルワッハーブ（一七〇三〜一七九二年）と出会ったことにはじまる。

　アラビア半島に新たな国家を建設することを考えていたイブン・サウードは、イブン・アブドゥルワッハーブに自身の思想的後見者となってくれることを望んだ。一方のイブン・アブドゥルワッハーブは、自身が正しいと考える厳格な解釈にもとづいたイスラーム社会の形成を願い、イブン・サウードがこれに取り組むことを求めた。思惑が一致した両者は、当時半島に広まっていた聖廟参詣や樹木崇拝といった、多神教や偶像崇拝につながる慣習を一掃し、あるべきイスラームにもとづいた社会を作ること、そしてイブン・サウードの一族（サウード家）がこれを統治するという旨の盟約を交わした。

　サウード家は一九世紀初頭にアラビア半島の大部分を制圧したが、オスマン帝国の命を受けたエジプト総督ムハンマド・アリー（一七六九〜一八四九年）の軍勢によって第一次王国は崩壊した。間もなくして興った第二次王国はサウード家内部の家督相続の騒動に明け暮れた挙げ句、北方のライバル部族であるラシード家の侵略を受けて滅びた。しかし一九〇二年、サウード家はリヤドを奪還して現在まで続く第三次王国を建設した。

写真2-3　リヤド旧市街にあるマスマク城。1902年にサウード家がラシード家から奪還した

その後、オスマン朝の撤退によってアラビア半島が群雄割拠の時代に突入したことに乗じて、サウジアラビアはイギリスの協力や遊牧民からなる部隊「イフワーン」の入植活動を通して半島北部及び東部を制圧した。そしてマッカ太守であるフサイン・イブン・アリー（一八五三〜一九三一年）との戦いに勝利したサウード家は、一九二四年にマッカ、一九二五年にマディーナとジッダといった半島西部にある聖地や要衝を攻略し、一九三二年に現在の領土を確立した。

ワッハーブ主義

先述したように、サウジアラビア建国の中心地であるナジュド地方は周辺のイスラーム王朝の侵略やヨーロッパ諸国の植民地支配を経験していなかった。このためサウード家は、なんの後ろ盾もないオアシスの一豪族に過ぎない存在であった。そんなサウード家が、マッカやマディーナといったイスラームの聖地の統治者としての威光をまとうためにはなんらかの大義名分が必要であり、それが「正しいイスラーム」社会を形成するというものだった。

サウジアラビア建国の旗印となった「正しいイスラーム」とは一体なにを指すのか。それは、建国の思想的基礎であるイブン・アブドゥルワッハーブの名に因んで「ワッハーブ主義」と呼ばれてきた。ワッハーブ主義とは、端的には多神教や偶像崇拝を廃した厳格な一神教としてのイスラームのあり方を指す。元来、イスラームが唯一なる神を崇めて多神教と偶像崇拝を否定すること、またクルアーンとスンナを無誤謬な典拠とすることを考えれば、ワッハーブ主義とは通常のイスラームのあり方に他ならない。その通常のあり方が、なぜわざわざワッハーブ主義との名前で呼ばれるのかに着目することは、サウジアラビアのみならず、広くイスラームあるいはイスラーム社会について理解することにもつながる。

多神教や偶像崇拝とはなにを意味するのか。一般的な理解では、複数の神が存在するという考え、また仏像やイコン画のようにそれらを具現化する行為などが思いつく。もちろんこれらはイスラームで禁じられており、唯一なる神アッラーの他に別の神が存在するとの主張や、アッラーの像を彫って祀《まつ》るといった習慣は人々の間に見られない。

しかし、こうした誰の目にも明らかに背教的と映る考えや行為に及ぶケースはそもそも問題外である。多くの場合で議論の対象になるのは、多神教や偶像崇拝につながると解釈されうる、曖昧なケースである。たとえばイブン・アブドゥルワッハーブは、主著『一神論の書』(*Kitāb al-tawḥīd*)の中で繰り返し、お守りの所持や樹木への信仰、また墓廟での祈願を批判して

写真2-4　イブン・アブドゥルワッハーブの生家とされる跡。特段の保存や観光地化はされていない

いる。彼によれば、これらはすべて人工物や自然物、また死者を、神のみが持ちうる力を持った存在と見なして崇める行為、つまり神以外の存在を唯一なる神と比肩させる行為として、多神教や偶像崇拝につながると解釈される。

こうした考えにもとづいて、ワッハーブ主義では、神から特殊な恩寵を受けたとされる聖者への崇敬や聖廟への参詣といった、広くイスラーム社会に見られる慣習をイスラームにもとったものとして否定する。ワッハーブ主義が他のイスラームのあり方と比べて「厳しい」といわれる理由は、このように多神教や偶像崇拝につながる可能性を持った曖昧な存在を認めない徹底性にあるといって良い。

父祖にならう

曖昧さを認めないという点については、さらにワッハーブ主義の重要な特徴として、聖典であるクルアーンと、預言者ムハンマドの言行であるスンナのみを典拠とすることが挙げられる。多神教や偶像崇拝の否定と同様、クルアーンとスンナを典拠とするということに関しても、やはりイスラーム社会において当然のことのように思われる。ではなぜその当たり前のことがわざわざ訴えられなければならないのか。もちろんこの点に関しても、クルアーンとスンナをまったく典拠としなかったり、あまつさえそれらの価値を否定したりといった極端なケースが議論になるわけではない。重要なのは、クルアーンとスンナ「のみ」を典拠とするという点である。

イブン・アブドゥルワッハーブの教学書には、先述したお守りであれ廟参詣であれ、それらを批判する根拠として用いられるのは総じてクルアーンとスンナである。いわゆる二次文献として、他のイスラーム学者の教学書や研究書はほとんど挙げられない。普通に考えれば、学者に限らず、自らの主張の説得性を高めるために高名な先達の言葉を多く引用するなどしそうなものだが、イブン・アブドゥルワッハーブの著作にはそうした学派や学説に依拠するという姿勢が見られないのである。

通常、起源が明確で創始者が存在する創唱宗教では、創唱者の時代がその宗教共同体の最も完成した形であると考えられる。宗教の教えを完璧に理解し、また自ら教えの体現者となる創唱者が存命であれば、人々はその人物を通して正解を得ることができる。結果として、教えを正しく反映した社会ができあがる。

しかし創唱者が世を去り、その人物に接した人々もいなくなれば、信徒は必ずしも正解を得られるとは限らない。創唱者の言葉が書物の形で遺されて、人々が自ら正解を探すことが可能であっても、正解を知る人物に直接尋ねるのと比べれば、正解にたどり着けない可能性が生まれる。このためワッハーブ主義は、人々ができる限り正解にたどり着くことができるよう、クルアーンとスンナという、誤りのなかった預言者ムハンマドと彼に近しい人々が生きた時代のテキストのみを典拠とし、彼ら父祖たちにならうことを呼びかけた。

ワッハーブ主義にとって、父祖たちにならうことは雪山で踏み跡を歩くようなものである。雪山では踏み跡から外れれば雪に足をとられ、身動きができなくなる。また尾根や山頂には雪庇《せっぴ》と呼ばれる、風が吹いてできる雪の「へり」がある。雪庇は真上から見ると地面との区別がつかないため、踏み跡を外れてこれを踏み抜くと滑落してしまう。信仰においても、父祖たちが歩んだ道以外を通ろうとすると、信徒として誤る危険を背負うというわけだ。

サラフ主義

この父祖たちのことを、アラビア語で「サラフ」と呼ぶことがある。サラフといった時に指すのは、おおむね預言者ムハンマドに直接従った人々を第一世代とした、三世代の範囲である。この根拠とされるのは、ムハンマドによる以下の有名なハディースである。

イムラーン・ブン・フサインによると、神の使徒は言った。「わたしの民のうちで最も良いのはわたしの世代で、次に良いのはそれに続く人達、そして次に良いのはまたそれに続く人達である。」

『ハディース Ⅲ』牧野信也訳、中央公論新社、二〇〇一年、四一七頁

図2-2 サラフ主義の理念図。サラフの時代から遠ざかるほど様々な「不純物」が加わることになる

先述したように、ムハンマドの逝去以降、無誤謬な指導者を失ったイスラーム社会では次第に人々が過ちを犯し始める。そのためワッハーブ主義者は、クルアーンとスンナという、誤りがなかった時代の無誤謬な典拠のみを参照することを呼びかける。こうした考えは、父祖にならうという観点から「サラフ主義」（サラフィー主義）と呼ばれる。ワッハーブ主義も思想内容の点ではサラフ主義の一つということができる。

実際のところ、サウジアラビア側が自国の宗教的立場をワッハーブ主義と呼ぶ機会はまれで

あり、それに代わる自称としてサラフ主義を掲げてきた。ワッハーブ主義の名称を忌避する背景には、同語が自国に対する否定的な評価の代名詞として海外で使用されてきた経緯がある。これについて、たとえば第三次王国のアブドゥルアズィーズ初代国王（一八七六?～一九五三年、在位一九二五～一九五三年）とファハド第五代国王（一九二一?～二〇〇五年、在位一九八二～二〇〇五年）は、次のように述べている。

人々は我々を「ワッハーブの徒」と名づけ、それを特定の学派と見なして「ワッハーブ主義者」と呼ぶ。しかしそれは悪意を持つ人々が広めた虚偽のプロパガンダによって生じた、忌むべき誤りである。我々は新奇の集団でも、新奇の教義の徒でもなく、ムハンマド・イブン・アブドゥルワッハーブも新奇の人ではない。我々の教えはアッラーの書［クルアーン］とその使徒のスンナから生まれたもので、それは先代より受け継がれたサラフの教えである。

アブドゥルアズィーズ国王、一九二八年（al-'Aql (ed.), *Islāmīya, lā wahhābīya*, Dār al-Faḍīla, 2007, pp. 394-395）

ワッハーブの徒とは学派ではなく、虚偽と偏見が広がっていた時代に生まれた改革的な宗教運動である。それは新奇な慣習（ビドア）と闘い、すべてを（イスラームの）基礎に戻すものであり、それは王国がならうことによってついには単なる一宗教運動を超えたものとなった。しかし我々の存在をめぐっては、この点について証拠もなにもない悪評、誤りが広く知られることになってしまった。

ファハド国王、一九八六年（al-ʻAql (ed.), *Islāmiya, lā wahhābiya*, Dār al-Faḍīla, 2007, pp. 394-395）

これらの説明からは、サウジアラビアが周辺のイスラーム諸国から異端、ないしは特定の宗派・党派の集団として見られたことに対する反論としての性格がうかがえる。ワッハーブ主義に対するサウジアラビアの自己理解は、先述したように、本来の「正しいイスラーム」以上のものではないため、特定の名称をつける必要はそもそもない。しかし現実には、サウジアラビアはワッハーブ主義者という「汚名」を着せられていると認識している。

その汚名を返上する方法となるのが、アブドゥルアズィーズ国王が述べている「サラフの教え」、すなわちサラフ主義である。もっとも、汚名を着せられているという点はサラフ主義もワッハーブ主義と同様で、かつての「原理主義」の如く、今日ではサラフ主義が「過激主義」の代名詞として、メディアで用いられる機会も見られる。しかしサラフ主義がワッハーブ主義と比べれば広くムスリム一般に通じる名称であるのは確かであり、この点、サウジアラビアはそれを自国の肖像として積極的に用いることができる。

ワッハーブ主義の思想的な意義や特徴はほぼサラフ主義の枠内で語ることが可能である。にもかかわらず、本書がワッハーブ主義という呼称を用いる背景には、サウジアラビアにとってのワッハーブ主義が、単なる個々人の内面を啓発する思想ではなく、「国づくり」を目的としたものだったからに他ならない。サウジアラビアで宗教警察が誕生した背景には、「正しいイスラーム」社会を作り、維持するというワッハーブ主義の社会的意義がある。

2 勧善懲悪委員会

サウジアラビアの宗教警察は、正式名称を勧善懲悪委員会という。名称の由来はもちろん、前章で述べたイスラームの勧善懲悪の教えであり、同組織がヒスバの実践のために設立されたものであることが明確に示されている。

「正しいイスラーム」社会の実現を目指すサウジアラビアにとって、社会の風紀を取り締まる勧善懲悪委員会の存在意義はきわめて大きい。いくらワッハーブ主義が正しいイスラームについての考え方を掲げても、人々がこれにならい、社会がその価値を共有できなければ「国づくり」にとって意味がない。この点、勧善懲悪委員会は風紀取り締まりを通じてワッハーブ主義実現のための推進力といえる。サウジアラビアは、自国が今日の世界において制度化されたヒスバを実践する唯一の国だと自負しているが、これはすなわち、自国が世界で唯一の「正しいイスラーム」社会を実現しているとの認識である。では、勧善懲悪委員会とはどのような組織なのか、まずはその成り立ちから確認したい。

なお、勧善懲悪委員会の公的機関としての位置づけは王宮府直属の庁機関であり、正式名称は「勧善懲悪委員会庁」となる。しかしサウジアラビア国内では一般に「庁」が省略され、単に「勧善懲悪委員会」と表現される。これにならい、本書でも勧善懲悪委員会という呼称を用いることとする。

勧善懲悪委員会の成り立ち

さて、サウジアラビアは第一次王国が興った一七四四年より、勧善懲悪にもとづいた社会作りを目指してきた。しかしながら、第一次王国から第二次王国にかけては、イブン・アブドゥルワッハーブや彼の子孫、また彼らから薫陶を受けたイスラーム学者たちがワッハーブ主義の基本事項を社会に根づかせることが優先事項であった。たとえば、市井の人々の信仰の対象となっていた樹木の伐採や廟の破壊である。もちろんイブン・アブドゥルワッハーブをはじめとした勧善懲悪の思想的旗手となる人々は存在したが、警察と呼ぶにふさわしい組織的な取り締まりが行われるのは、第三次王国になってからである。

勧善懲悪委員会の原型は、一九一七年にイブン・アブドルワッハーブの子孫であるアブドゥルアズィーズ・イブン・アブドゥッラティーフを中心とした六名のイスラーム学者がリヤドに設立した有志団体である。彼らは建国黎明期のサウジアラビアにおいて様々な政策を宗教的観点から諮問し、ワッハーブ主義にもとづいた社会作りに貢献した。他のイスラーム学者としてウマル・イブン・ハサン、アブドゥッラフマーン・イブン・イスハーク、アブドゥッラティーフ・イブン・イブラーヒームといった人物の名が資料に残っているが、彼らの経歴については明らかでない。

勧善懲悪委員会が正式に発足したのは一九二四年であるが、興味深いのはその時期と、場所が首都のリヤドではなくアラビア半島西部の聖地マッカだったという事実である。アブドゥルアズィーズ初代国王は、一九〇二年にリヤドを政敵ラシード家から奪い、アラビア半島制圧を開始した。そして一九二四年にマッカを中心とするヒジャーズ王国（一九一六～一九二四年）を吸収した。このような領土拡大の過程で、各地域にただちにワッハーブ主義にもとづいた統治が浸透したとは考えづらい。ましてや当時のマッカ一帯は、イスラーム世界の後進地域であったアラビア半島中央部とは異なり、オスマン朝が任命したマッカ太守が統治し、世界から巡礼者が集まることでコスモポリタンな空間が形成されていた。こうした背景から、サウード家は王国のフロンティアの中でも、マッカでワッハーブ主義を根づかせることの重要性と難しさを考慮し、勧善懲悪委員会を設けたのだと考えられる。

図2-3　勧善懲悪委員会のロゴ。開いたクルアーンの右上にはサウジアラビアが、左上には帆が乗っている。帆は、勧善懲悪委員会が人々を過ちから救済する船のような存在であることを意味している

その後、勧善懲悪委員会は周辺の各都市に支部を設立した。そしてサウード家は一九三二年に現在の領土を確立して正式にサウジアラビア

王国を建国した。一九五二年には、勧善懲悪委員会の本部がリヤドに移り、王宮府直属の庁機関となって支部を全国に展開した。この時点で、もはやマッカ一帯は王国のフロンティアではなく、ワッハーブ主義にもとづいた統治が十分に確立したのであろう。一九七六年にはアブドゥルアズィーズ・イブン・アブドゥッラーを初代長官（閣僚級）として、現在の勧善懲悪委員会の体制が完成した。

行動理念

組織化の過程で、勧善懲悪委員会の行動理念はどのように定められたのか。一九二八年、本部がまだマッカにあった時期に、勧善懲悪委員会の活動にかかわる最初の内規が次の通り制定されている。

第一条　委員会はマッカ、ジッダ、マディーナ、ターイフ、ヤンブウ、その他の支部からなる。各支部は関係機関からの増員を要請することができる。

第二条　委員会職員及び関係機関からの職員数は必要に応じて増やすことができる。

第三条　委員会職員はイスラーム法に関する知識と高い倫理的陶冶が求められる。関係機関からの職員にも高い品性と道徳、宗教的善行が求められる。

第四条　業務遂行のため、必要な数の兵士が各支部にあてがわれる。兵士は神に対する畏敬の念と高い品性を求められる。
第五条　業務遂行のために毎日会合を開く。関係機関からの職員はそこで週一回以上の業務報告を行い、委員会からの質問・要望に対応する。
第六条　委員会が担当する事案は次の通りである。
第一項　人々に礼拝の時刻を告げ、礼拝を行わない者を至近のモスクに連れていく。
第二項　疑わしい場所、地帯を一名以上の同僚あるいは上官、また一名の警察官を伴って捜査する。
第三項　人々が罪、悪事、宗教規律を犯し、流言に惑わされることを防ぐ。
第四項　人々が誹謗中傷を行い、卑猥で汚らわしい発言をすることを温情をもって防ぐ。
第五項　生き物を保護する。
第七条　委員会の決定は過半数の同意によって有効となる。これを得られない場合、長官は彼らを排除することはできず、法務局長がその権限を持つ。
第八条　長官はいつでも各部局を訪問することができ、委員会の業務遂行を指南する。委員会に課された業務は何者にも妨げられない。
第九条　委員会が科す刑罰は鞭打ち一〇回あるいは三日間の拘留に限られ、その上で身元引受人に照会する。これより軽い刑罰の場合、委員会は他機関に一切の許可を得ずしてそれを執行することができ、刑務所長もそれに適切に対処しなければならない。

Hay'a, al-Kitāb al-wathā'iq li-l-Ri'āsa al-'Āmma, Hay'a, 2009/10c (H1431), p. 130

この条項からは、勧善懲悪委員会が宗教的規範の監督という立場を強く期待されている様子がうかがえる。また第四条によれば兵士の動員を認められており、勧善懲悪委員会が武力行動を伴う治安維持の役割を備えていることもわかる。本部設立から四年後というタイミングで、まだ新たな支配地においてワッハーブ主義にもとづいた統治が不安定であった可能性を考えれば、開拓地域に新設された勧善懲悪委員会に対して治安維持活動一般への貢献が期待されても不思議ではないだろう。

今日の活動趣旨

ワッハーブ主義にもとづいた統治が根づき、国家としての形が完成した後、勧善懲悪委員会からは武力行動の役割が取り除かれた。そのため彼らの役割は、より社会の風紀維持に専念したものとなった。

勧善懲悪委員会が発行する今日の活動要領『サウジアラビアにおけるヒスバ』の中には、活動趣旨が次の通り明記されている。

委員会の目的

第一条　社会に課された勧善懲悪の実践を目指すというシャリーアの義務を引き受け、慈善を達成する。それにあたっての体制、定款、また管轄の範囲を規定する。

第二条　悪の排除に尽力し、それが顕現することを禁じる。

第三条「教義、思想、道徳、その他全般」について安全を確保する。

第四条　宗教、魂、理性、名誉、財産の五つの保護を、シャリーアにもとづき実現する。

第五条　イスラームにもとづいた価値と道徳を達成する。

第六条　イスラーム世界の中心、啓示が下った地、イスラーム世界の模範、ムスリムの注目を集める場所として、サウジアラビア王国にふさわしいイスラームを体現する。

委員会の使命（ヒジュラ暦一四〇〇年九月一六日の閣僚会議決議第一六一号によって採択）

第一条　人々を善導し、シャリーアが定めた宗教的義務を人々が果たすための助言を行う。
第二条　シャリーアが定めた禁則事項を犯すこと、あるいは誤った習慣や盲従（タクリード）、また認められない諸々の新奇な慣習（ビドア）にならうことを含め、諸悪を禁じる。各種状況に応じた適切多様な、道徳に適った取り締まりを行う。
第三条　教義、言動、作法一般に影響を及ぼす禁則事項を監視するために、関連機関と連携する。
第四条　勧善懲悪の実現と社会の公益保護のために、関連機関と協力関係を築く。
第五条　罰則に従って犯罪、暴力、またこれらを伴う諸行為に対処する。

Hay'a, al-Hisba fī al-Mamlaka al-'Arabiya al-Su'ūdiya, Hay'a, 2009/10b (H1431), p. 8

「委員会の目的」では、第一条の「社会に課された勧善懲悪の実践」、第六条の「サウジアラビア王国にふさわしいイスラームの体現」という文言から、勧善懲悪委員会がワッハーブ主義にもとづいた社会形成という、サウジアラビアの国是を支える存在であることを強く意識していることがわかる。また「委員会の使命」では、取り締まるべき「悪」に該当するものとして「新奇な慣習」（ビドア）や「盲従」（タクリード）が挙げられている。ビドアについては先に「新奇な慣習」と説明したが、ここでは預言者ムハンマドの時代に確立された「正しいイスラーム」に起源を持たない要素を指す。またタクリードはイスラーム法学上の裁定にあたり自らが依拠する法学派の学者たちの判断にならうことを指す。これはワッハーブ主義が採る、クルアーンとスンナのみを典拠とする姿勢である。このように、勧善懲悪委員会の行動理念の中にワッハーブ主義というサウジアラビアの宗教的立場が強く反映されている様子がうかがえる。

3　宗教界との関係

勧善懲悪委員会はサウジアラビアのイスラーム社会としての特性を担保する役割を負っている。しかしながら、勧善懲悪委員会の権限は決して強いものではない。「正しいイスラーム」社会の実現を政府主導で推進してきたサウジアラビアには、勧善懲悪委員会の他にも様々な宗教機関が存在し、これら機関の職掌は巡礼や断食などの宗教儀礼はもちろん、教育や出版にかかわる政策にも及ぶ。勧善懲悪委員会は市中での風紀取り締まりという役割を負った、宗教機関の一つに過ぎない。

数ある宗教機関の中で、最も権威ある存在と位置づけられるのがウラマーと呼ばれる学者の集団である。サウジアラビアの宗教権威がある事柄について正しいと判断した、あるいは正しくないと批判したといったニュースが日本でも流れることがあるが、この判断を下す権限を持っているのがウラマーである。ではウラマーは勧善懲悪委員会をどのように見ているのか。サウジアラビアの宗教界が形成された経緯とあわせて説明したい。

シャイフ家の人々

すでに述べたように、サウジアラビアの歴史は、豪族の長イブン・サウードとイスラーム法学者イブン・アブドゥルワッハーブとの間で結ばれた盟約によって幕を開けた。この盟約でサウード家は、新たに建設されるサウジアラビア王国の統治者として政治事案を引き受ける役割を負うことが確認された。一方、宗教事案についてはイブン・アブドゥルワッハーブの一族が引き受けることが確認された。

イブン・アブドゥルワッハーブの一族はサウジアラビアで「シャイフ家」と呼ばれる。シャイフとはアラビア語で「導師」を意味し、通常は宗教知の担い手たる人物、とくに精神的指導者と見なされる人物に対して用いられる尊称である。シャイフ家は、サウード家と手を携えてサウジアラビア建国という偉業を成し遂げた誉れ高い人々として、国内において精神的威光を放つ存在であり続けた。

ところでイブン・アブドゥルワッハーブの娘の一人はイブン・サウードに嫁いでおり、他のシャイフ家の人々もサウード家と積極的に婚姻関係を結んでいた。シャイフ家にとってサウード家との血縁関係は、自身の一族が王国での政治的地位を得るために有効であったし、またサウード家にとってもシャイフ家との血縁関係は、砂漠のオアシスを根城にしていた一豪族である自身の一族を、王家として権威づけるための有効な手段となりえた。

第一次王国の建国直後、イブン・アブドゥルワッハーブは首席裁判官と最高ムフティー（法諮問官）という、宗教法にのっとって政策の是非を判断する公職に就き、法学的見解（ファト

写真2-5　マスマク城向かいにあるリヤドの大モスクの中庭。最高ムフティーが説教を行う他、王族の葬儀礼拝といった公式行事も行われる

ワー）を多く発表した。これらは国家形成にあたっての政策や人々の生活における重要な典拠や判例とされた。

　こうした政策面・教育面での役割は子孫にも引き継がれ、シャイフ家は第二次王国以降も歴代国王に仕えることでサウジアラビアの宗教権威として君臨し、その役割は現在の領土が確定し、第三次王国が完成した一九三二年以降も続いた。

　一九三七年に石油が発見されて以来、経済的変化が社会に過剰な影響を与えることを警戒した政府は、より組織的な宗教界を形成することで社会統制の強化を目指した。そして一九五二年、政府はシャイフ家のムハンマド・イブン・イブラーヒーム（一八九三〜一九六九年）を、宗教界の最高位である最高ムフティーに任命し、彼を長とする王国最初のウラマー機関「ファトワー布告及び宗務監督委員会」（以下、ファトワー委員会と呼ぶ）を設立した。これによって、サウジアラビアに制度化された宗教界が誕生した。ムフティーとはファトワーを出すウラマーを指し、最高ムフティーはその最高位となる存在であるため、イブン・イブラーヒームが下す法学的見解は、サウジアラビア国内で最も権威のあるイスラーム言説となった。

宗教界の頂点に立ったイブン・イブラーヒームは一八もの要職を務め、ワクフと呼ばれる宗教寄進財の管理やマッカへの巡礼者受け入れを担当することで強い経済的基盤を有した。加えて彼は、母親がシャイフ家の出身であるサウード家の有力者、ファイサル王子（一九〇六〜一九七五年）の叔父という立場を通して、政治的影響力も持っていた。この時期、彼の存在によって宗教界におけるシャイフ家の権勢は絶頂期を迎えた。

宗教界の再編

そのファイサル王子が一九六四年に第三代国王に即位する。ファイサル国王といえば、テレビ放送や女子教育の導入を進めたことでサウジアラビアの近代化に取り組んだ人物として知られている。同国王はその一環で、宗教界の再編にも着手した。

一九六九年にイブン・イブラーヒームが逝去した後、ファイサル国王は一九七一年に「最高ウラマー委員会」（以下、ウラマー委員会と呼ぶ）と「科学研究・ファトワー布告のための常任理事会」（以下、ファトワー理事会と呼ぶ）の設立のための国王令を発布した。これによって、宗教界の中枢は従来のファトワー委員会から新設のウラマー委員会へと変わった。

これだけなら単なる組織の再編に過ぎないのだが、特筆すべきはウラマー委員会の設立時、メンバー一七人のうち、シャイフ家出身者が一人だけだったことである。これはシャイフ家が、宗教界の中枢という従来の地位から追放されたことを意味していた。

さらにファイサル国王は最高ムフティー職を廃止した。先述したように、最高ムフティーは個人として宗教界の最高位の立場であり、建国以来、同職はシャイフ家が歴任してきた。この措置においてもやはり、シャイフ家中心であった宗教界のあり方を改めようとの意図がうかがえた。こうした経緯を経て、サウジアラビアの宗教界はシャイフ家という精神的権威を中心とするものから、ウラマー委員会のメンバーという肩書きを持った職能集団を中心とするものへと変わった。

宗教界の中心からシャイフ家が追放されたことで、ファイサル国王の時代はしばしばシャイフ家衰退の時代といわれる。確かに同国王は、テレビ放送や女子教育の導入などの政策によって「開明的」なイメージで知られており、宗教界を牛耳っていたシャイフ家という保守勢力と対立したかのようにも伝えられる。しかし、宗教界再編にあたってのファイサル国王のそもそもの意図は、国家の近代化政策の一環として政府と宗教界との連携強化を図ることであった。したがって同国王の治世下、宗教界におけるシャイフ家の存在感が低下したのは事実だが、それによって国内の宗教政策が停滞したわけではない。むしろ近代官僚制としての性格を宗教界に与えることで、宗教政策の効率化が推し進められている。事実、この時期に多くの宗教機関が再編ないしは新設され（表2－1）、これが現在の宗教関連業務を担う体制の基礎となった。

こうして誕生した新しい宗教界のもと、ウラマー委員会を頂点として、他の宗教機関はそれぞれの役割が限られた実務機関としての立場を固めた。一九七六年に庁機関として独立した勧善懲悪委員会も、以上の宗教界再編の影響によって現在の体制に至った。

イブン・バーズの登場

新しい宗教界のあり方を踏まえ、サウジアラビアにとっての勧善懲悪委員会の存在意義を理解する上では、ウラマーによる見解が重要な意味を持つ。ここでは、二〇世紀後半に活躍したアブドゥルアズィーズ・イブン・アブドゥッラー・イブン・バーズ（一九一〇～一九九九年）による見解を参照したい。

イブン・バーズはシャイフ家のウラマーのもとで学んだが、シャイフ家の出身ではない。この点、彼はシャイフ家を中心とはしない、一九七〇年代以降の新しい宗教界を象徴する存在であった。一九一〇年にリヤドに生まれた彼は、一九三八年よりイスラーム法裁定官を務め、一九七〇年からはマディーナにあるマディーナ・イスラーム大学の学長を務めるなど、法曹界・教育界においてキャリアを積み上げてきた。一九七一年に先述のファトワー委員会とウラマー委員会が設立された際には、両機関のメンバーに任命され、宗教界の有力者として認知されるようになった。

表2-1 現在のサウジアラビアにおいて宗務に携わる主要官庁

名称	設立経緯・概要	付属機関（設立年）・構成
ファトワー理事会	・1955年：ファトワー庁設立 ・71年：ファトワー委員会として改編、以降75年、93年に改編	・最高ムフティー事務所(1993年) ・ウラマー委員会（71年、ファトワー理事会、ウラマー委員会事務所） ・副最高ムフティー事務所（93年、ウラマー委員会のメンバー1名が代表を務める）
巡礼・ウムラ省	・1946年：財務省管轄下の巡礼総局として設立 ・56年：財務省から独立 ・61年：巡礼・ワクフ省として改編 ・78年：市民パトロール部門強化 ・93年：巡礼省として独立 ・2016年：巡礼・ウムラ省に改編	・少数派機関調整委員会(1988年) ・少数派機関、ザムザム事務所(83年) ・案内者事務所(85年)
イスラーム問題・宣教・善導省	・巡礼省からワクフ部門、ファトワー理事会から宣教部門、勧善懲悪委員会から善導部門が独立し、これらを統合して1993年にイスラーム事項・ワクフ・宣教・善導省として設立 ・2016年：イスラーム事項・宣教・善導省に改編	・ファハド国王クルアーン印刷協会(1985年) ・宣教・善導評議会(94年) ・イスラーム調査・研究センター(94年) ・聖クルアーン(暗唱) コンテスト協会 ・ワクフ最高評議会事務局 ・聖クルアーン暗唱慈善協会最高評議会事務局 ・巡礼・イスラーム覚醒事務総局
二聖モスク庁	・1977年：設立 ・87年：名称変更 ・93年：カアバ聖殿管理業務が追加	
勧善懲悪委員会	・1917年：設立 ・24年以降：全国に支部を展開 ・30年以降：警察と併合して治安活動を展開 ・76年：庁機関として独立	
最高司法評議会	・1975年：設立	

一九七五年、イブン・バーズはマディーナ・イスラーム大学学長を辞してファトワー委員会とウラマー委員会の代表に就任した。そして一九九三年、宗教界の長として再設された最高ムフティー職に就任した。

この時期に最高ムフティー職が再設された背景には、国内における過激主義の高まりがある。一九九〇年から九一年の湾岸戦争の際、サウジアラビア政府はアメリカ主導の多国籍軍の国内駐留を認め、反イラク陣営としての立場を明確に示した。イラクのクウェート侵攻に端を発した湾岸戦争は、クウェートと国境を接し、石油輸出国としてイラクと地域覇権を争うサウジアラビアにとって重要な意味を持っていた。しかし、異教徒を中心とした多国籍軍を国内に招き入れる一方、同じスンナ派イスラームでアラブのイラクと戦うという姿勢は一部の有識者からの不信を招き、彼らが誓願書の提出という形で政治改革要求をはじめた。

「サフワ」(覚醒)と呼ばれた彼らは、より厳格なイスラーム法の適用にもとづいた国家形成を求め、立法権や司法権の独立、ウラマーの地位向上、政府機関からの腐敗一掃といった、従来の国家体制に対する明らかな不満を誓願書に書き綴った。これに対して政府は、宗教界の中枢であるウラマー委員会を通じて政治改革要求行動を批判し、サフワのメンバーに海外渡航禁止や公職からの追放といった処分を科した。

サフワは主として国内で公職に就いていたいわば知識人層の人々である。しかし彼らのもとには、より直接的な行動を選んだ、庶民層からなる人々もいた。彼らは「ムスリムの土地を占

表2-2　1990～2000年代にサウジアラビアで起こった主な爆破事件

年月日	都市	内容
1995年11月13日	リヤド	国家警備隊施設で爆破(米国人ら6人死亡)
1996年6月25日	フバル	米軍基地で爆破(米兵19人死亡)
2000年11月17日	リヤド	自動車が爆破(英国人1人死亡)
2002年6月20日	リヤド	自動車が爆破(英国人1人死亡)
2003年5月1、6、12日	リヤド	外国人居住区3か所で爆破(米国人ら35人死亡)
2003年11月8日	リヤド	外国人居住区で自爆攻撃(17人死亡)
2004年4月21日	リヤド	内務省施設で自動車が爆破(5人以上死亡)
2004年5月1日	ヤンブウ	石油化学施設の事務所が襲撃(米国人ら5人死亡)
2004年5月29日	フバル	外国人居住区が襲撃(22人死亡)
2004年12月6日	ジッダ	米総領事館が襲撃(館員含む9人死亡)
2004年12月29日	リヤド	内務省施設で自動車が爆破(1人死亡)
2009年8月28日	ジッダ	ナーイフ副内相(当時) を狙った自爆

領する異教徒に対して武器を取って戦おう」といった至極単純なメッセージを共有し、一九九〇年代から二〇〇〇年代に国内で米軍基地や外国人居住区を狙った爆破事件を起こした。

このためサウジアラビア政府は、改めて宗教界の統制を図り、政府と宗教界の連携を強化した上で、在野の宗教勢力を抑える威光を持った宗教指導者を新たに擁立する必要があった。最高ムフティーの再登場は、そのための措置だといえた。

イブン・バーズは、最高ムフティー就任以前から国家の安定にかかわる事案には積極的に意見し、これを優先する姿勢を徹底していた。一九七九年のマッカにおける反体制武装集団によるハラーム・モスク占拠事件、先述の湾岸戦争や国内での爆破事件といった、国家の治安・安全保障にかかわる出来事に対しては、ハラーム・モスクへの治安部隊突入や湾岸戦争における（異教徒の）多国籍軍との連携を是認し、爆破事件に関しては社会の治安を乱す行為として糾弾した。こうした官製学者、あるいは政府のスポークスパーソンとしての役割を持った宗教指導者というイブン・バーズの性格が前提となって、最高ムフティー職は再設されたのである。

勧善懲悪に対する理解

イブン・バーズは、サウジアラビアにおいて支配的なイスラーム言説を形成することを任された。そのため、彼の見解は「真理」かどうかはさておき、イスラームについての同国の公式な理解であり、社会において広く流布したものとして参考にすることができる。そんな彼は、イスラームにおける勧善懲悪の教義的な位置づけを次のように述べている。

> 勧善懲悪は、典拠に欠けるため六番目の柱とは呼べないが、確かに〔イスラームを〕支えるものの一つであり、〔信徒にとっての〕義務の一つである。
>
> Bin Bāz, *Majmūʻ fatāwā*, vol. 5, Dār Aṣdāʼ al-Mujtamaʻ, 1991, p. 74

ここでいう「柱」とは信仰告白、礼拝、喜捨、断食、巡礼を指す。これらはよく知られたイスラーム・スンナ派の基本教義であり、日本ではおそらくは仏教の「行」（業）にあたるものとして、「五行」と呼ばれることが多いが、アラビア語では信徒にとっての重要な「柱」として、「五柱」と呼ばれるのが一般的である。

いずれにせよ、五柱はイスラームの信仰における重要な要素であるが、イブン・バーズは勧善懲悪をそれらに続くものと位置づけている。彼によれば、勧善懲悪の教義的な位置づけの高さを裏づける理由の一つは、次のクルアーンの聖句の中で、勧善懲悪が礼拝と喜捨に先行して言及されることである。

男の信仰者たち、女の信仰者たちは互いに後見である。良識を命じ、悪行を禁じ、礼拝を遵守し、浄財を払い、アッラーと彼の使徒に従う。それらの者、彼らをいずれアッラーは慈しみ給う。まことにアッラーは威力比類なく、英明なる御方。

第九章「悔悟」七一節

確かにこの聖句によれば、勧善懲悪は礼拝や喜捨といった基本教義よりも先に言及されており、ムスリムにとっての位置づけの高さがうかがえる。もっとも、次のように礼拝の後で勧善懲悪に言及する聖句もあるため、これは勧善懲悪と礼拝のどちらがより重要な義務なのか、という議論ではないと思われる。

吾子《あこ》よ、礼拝を遵守し、良識を命じ、悪行を禁じよ。そして、（勧善懲悪に際して）おまえに降りかかったもの（迫害）に対して忍耐せよ。まことに、それは（聖法の定める）物事の定めである。

第三一章「ルクマーン」一七節

また、イブン・バーズは次の通り、勧善懲悪が社会の形成において重要な意味を持つことにも言及している。

勧善懲悪はイスラームにおける義務の中で最も重要なもので（中略）イスラーム社会の改善のための最大の要因となる。

Bin Bāz, *Majmū' fatāwā*, vol. 7, Dār Aṣdā' al-Mujtama', 1994, p. 331

社会の改善、平和、現世と来世における救済における義務の中で、最も重要なのが勧善懲悪であり、それは救済の船である。

Bin Bāz, *Majmū' fatāwā*, vol. 27, Dār Aṣdā' al-Mujtama', 2004, p. 402

これらの見解からは、勧善懲悪がサウジアラビアの国是といえるワッハーブ主義にとって非常に重要な意味を持っていることが示される。繰り返し述べてきたように、ワッハーブ主義はクルアーンとスンナのみにならうという信仰のあり方に加え、これを共有する社会を形成するという明確な目的を持った政治思想でもある。そしてこの社会形成という目的において、勧善懲悪にはとりわけ大きな役割が期待されていると理解できる。

このように、宗教界の公式見解として、勧善懲悪の教えはイスラームの根本教義の一部であり、ワッハーブ主義にとっても重要なものと位置づけられていることがわかる。では、こうした宗教権威の「お墨つき」を得て、勧善懲悪委員会は具体的にどんな活動に取り組んでいるのか。

4 勧善懲悪委員会の取り締まり

義を見てせざるは勇なきなり。孔子（紀元前五五一〜紀元前四七九年）の『論語』にある有名な言葉で、日本でもよく知られている。勧善懲悪を実践するというのは、信徒として義にかなった行為をとる点でこの言葉に通じるところがある。しかしながら、サウジアラビアにおける勧善懲悪は、「正しいイスラーム」という大義を共有して社会を形成するという、政策的な意味合いが強い。先述のイブン・バーズは勧善懲悪の内容について、「最たる善は一神教、最たる悪は多神教」（Bin Bāz, *Majmūʻ fatāwā*, vol. 27, Dār Aṣdāʼ al-Mujtamaʻ, 2004, p. 381）と説明しているが、これは勧善懲悪の軸にワッハーブ主義があることを明確に示している。

この点、サウジアラビアにおける勧善懲悪の実践は、一般に考えられる正義感の発揮などではなく、ワッハーブ主義の実現という固有の目的に沿ったものである。これを踏まえて、勧善懲悪委員会の活動は当然、社会をワッハーブ主義にのっとったものとするための行為に収れんされる。この考えを踏まえ、勧善懲悪委員会がどのような体制のもと、どのような活動を行っているのかを見ていきたい。

勧善懲悪委員会の体制

取り締まり対象が宗教にもとづいた風紀に限定されているとはいえ、市中でパトロールを行い、時には張り込みやおとり捜査を行う公的機関であることから、勧善懲悪委員会はやはり警察と呼ばれるにふさわしい存在である。日本で警察といえば、各自治体の都道府県警察と国家の警察行政機関である警察庁がある。二つの組織は、都道府県警察が各自治体の知事の所轄、警察庁が内閣総理大臣の所轄であるという点で、体制としては別組織となる。一方、勧善懲悪委員会は庁機関としての代表である長官のもと、全国の捜査・取り締まりが上意下達のもとで一元化されている。日本の警察でいえば、警察庁が全国のすべての警察組織を管理するような体制が敷かれている。

実際に市中で取り締まりやパトロールを行う警察署・交番に該当する部局は「委員会」「委員会支部」と呼ばれ、長官の直属に置かれている（図2-4）。組織のナンバーツーとして副長官がいるが、このポストは事務方として勧善懲悪委員会の活動にかかわる管理を行う立場であり、メディアやパトロールの現場に姿を現す機会はほとんどない。一般市民が接し、またメディアで活動が報じられるのは、ほとんどが長官と彼の直属である州本部管轄の委員会及び委員会支部である。

設立以来、勧善懲悪委員会の職員数は基本的に増加傾向にある（表2-3）。このこと自体

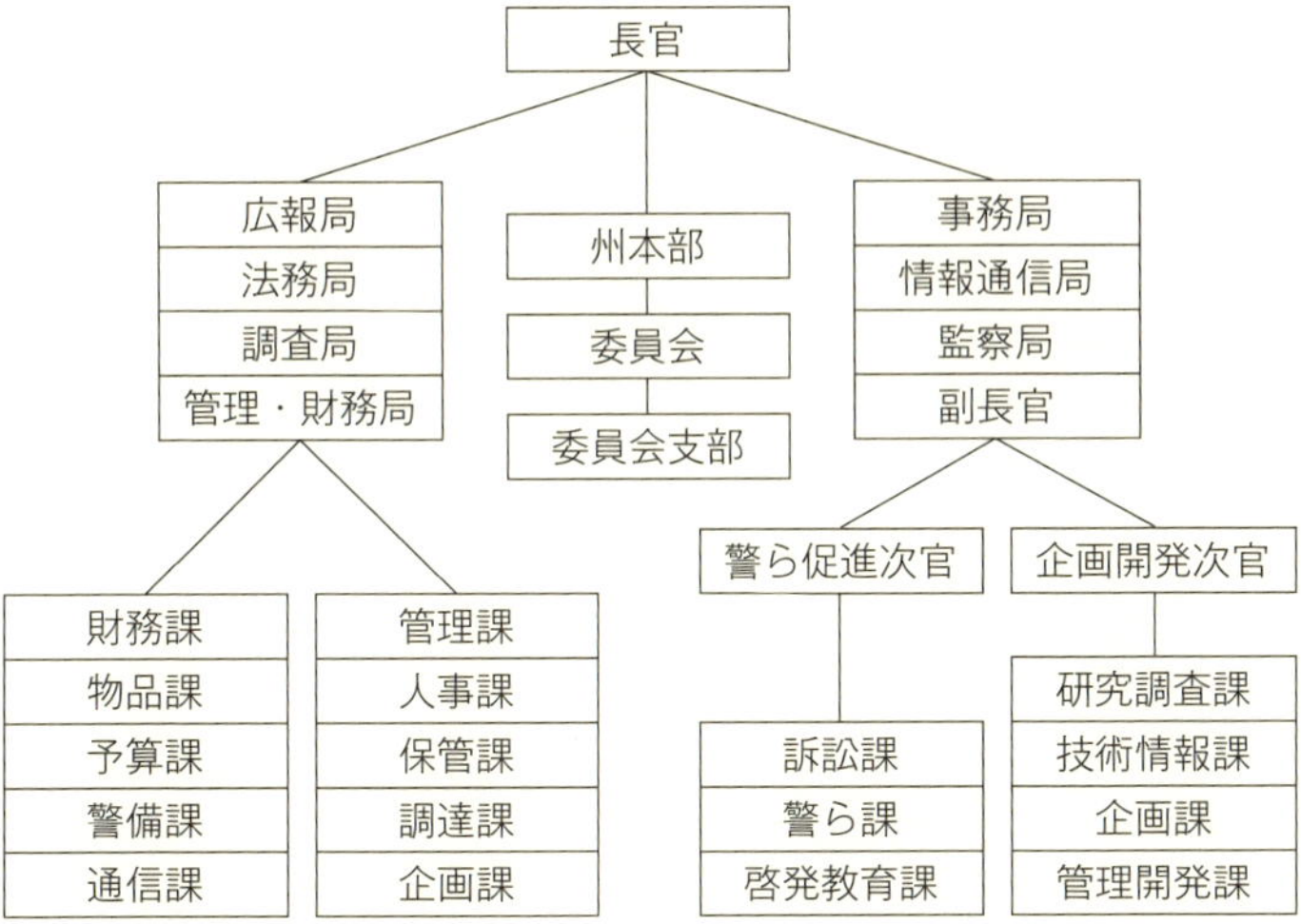

図2-4　勧善懲悪委員会の体制（出典 Hay'a, *Asas wa-mabādī*, Hay'a, 2009/10(H1431), p. 77, 100）

表2-3　1998年から2012年までの勧善懲悪委員会の職員数の推移

西暦（ヒジュラ暦）	事務職員数	パトロール職員数	合計
1998年(1418-19年)	700	87	787
1999年(1419-20年)	283	95	378
2000年(1420-21年)	794	82	876
2001年(1421-22年)	872	145	1,017
2002年(1422-23年)	1,082	89	1,171
2003年(1423-24年)	1,853	124	1,977
2004年(1424-25年)	1,431	191	1,622
2005年(1425-26年)	1,787	369	2,156
2006年(1426-27年)	2,755	429	3,184
2007年(1427-28年)	3,442	721	4,163
2012年(1434年)	2,118	5,545	7,663

[出典] Hay'a, *Asas wa-mabādī*, Hay'a, 2009/10(H1431), p. 77, 100

は、大きな戦禍や災害に見舞われなかったサウジアラビアの人口が基本的に増加し続けている

図2-5　2009〜2010年時点でのサウジアラビア国内13州における勧善懲悪委員会の支部と駐在所の分布数。なお2012年12月時点では、内訳不明ながら全国の駐在所数は464である（出典 Hay' a, *Asas wa-mabādī*, Hay'a, 2009/10(H1431), p. 112）

ことを考えれば不思議ではない。一方、従来は事務職員数がパトロール職員数よりも多かった職員数のバランスが、近年では逆転しているといった変化が見られる。この背景には、行政事務の効率化が進んだこともあるだろうが、それに加えて勧善懲悪委員会の業務においてパトロールへの比重が高くなったことを示唆している。この点については、パトロール職員数の増加は単なる人口増に起因するというより、後述するような人口における若年層の割合増大、また犯罪の複雑化といった要因があると考えられる。

全国の支部の数に関しては、二〇〇九年から二〇一〇年の時点で全国一三州に四六二（支部一一六／駐在所三四六）があり、首都を擁するリヤド州、港湾都市ジッダと聖地マッカを擁するマッカ州、そして石油施設の多くが集まる東部州といった都市部に多い（図2-5）。人口が多く人の往来も激しい、それに伴って犯罪も起こりやすい都市部に多くの人員が割かれるのは当然であろう。加えてマッカ州に関しては、聖地マッカへの巡礼者を対象に儀礼に関する取り締まりや指導が行われているため、多くの人員が必要であることが指摘できる。

なお今日、サウジアラビアの人口を二九〇〇万人と考えれば、勧善懲悪委員会の職員数は国民約三七八四人あたりに一人となる。日本の警察職員は国民約四〇九人あたりに一人であり、活動対象が限られた勧善懲悪委員会とは組織の規模の面で比較にならない。にもかかわらず、市民にとっての勧善懲悪委員会のプレゼンスは強く、ともすれば一般の警察以上にその動向がメディアで報じられてきた。この背景にあるのは、彼らの取り締まりに対する世間の注目の高さであろう。

勧善懲悪委員会のパトロール

筆者のサウジアラビア滞在中、外国人女性の間では"Cover your head!"（頭を覆いなさい！）というセリフを馴染み深く感じる人がいたようである。このセリフは、勧善懲悪委員会が市中でのパトロールの際、外国人の女性にしばしば発するものだからである。

よく知られているように、ムスリムの女性は親族以外の男性に髪やうなじをみだりに見せてはならないとされ、外出時は「ヒジャーブ」（原義は「隠すもの」）と呼ばれるスカーフで頭をすっぽりと覆う習慣がある。髪やうなじを隠すのは男性の性欲を刺激しないためで、この観点から当然、首から下も露出を避け、身体のラインがわからないようにゆったりとした服装をまとうのが好まれる。"Cover your head!"と注意するのは、身体は隠していても髪やうなじを見せている外国人の女性がしばしば見られるためである。ヒジャーブの着用を含め、勧善懲悪委員会はサウジアラビアに住む人々を対象に、イスラームにもとった服装や振る舞いをしていないかどうかを通常二人一組で、一名以上の警察官を伴ってパトロールを行っている。

勧善懲悪委員会が発表した取り締まりにかかわる公式発表をもとに、彼らの主たる活動内容を確認してみよう。勧善懲悪委員会は、取り締まり対象を「教義」「儀礼」「道徳」「酒類」「麻薬」「出版物」「商売」「マナー」「その他」の九項目に分類している。代表的な取り締まり対象

表2-4　1996〜2007年までの取り締まり実績件数

西暦（ヒジュラ暦）	教義	儀礼	道徳	酒類	麻薬	出版物	商売	マナー	その他	合計
1996-97年（1417年）	220	72,131	16,624	2,112	145	1,632	6,878	6,095	4,373	110,210
1997-98年（1418年）	509	123,868	23,098	2,898	202	2,101	8,107	10,189	7,787	178,759
1998-99年（1419年）	608	180,759	34,169	2,901	262	3,283	8,913	10,318	4,692	245,905
1999-2000年（1420年）	863	241,872	41,890	2,722	490	4,222	8,983	13,842	6,107	320,991
2000-01年（1421年）	896	238,024	41,759	3,008	349	2,678	9,223	16,058	3,501	315,496
2001-02年（1422年）	579	243,670	41,095	3,237	493	2,190	10,388	21,367	4,593	327,612
2003年（1423-24年）	2,515	297,250	45,004	3,366	785	3,093	9,423	15,191	6,004	382,631
2004年（1424-25年）	647	277,963	48,603	5,708	1,473	6,218	9,945	23,894	9,983	384,344
2005年（1425-26年）	444	302,825	45,709	3,379	810	3,533	5,030	20,500	7,887	390,117
2006年（1426-27年）	455	318,986	49,745	3,009	655	2,789	6,658	26,455	8,004	416,756
2007年（1427-28年）	585	230,710	34,826	1,723	322	1,693	5,636	20,144	5,244	300,883

［出典］Hay'a, *Asas wa-mabādī*, Hay'a, 2009/10(H1431), p. 96

であるヒジャーブの着用は「教義」に含まれるが、実際は取り締まり件数の中では少ない部類である。

毎年の取り締まりにおいて最も件数が多いのは「儀礼」である。この理由は、「儀礼」が一日五回の礼拝といったすべてのムスリムにとっての日常的な事案を対象としていること、またマッカ巡礼という一大行事の際、巡礼作法に関する指南を取り締まりの一環としていることが挙げられる。

礼拝について、すべてのムスリムは日々、夜明け前、南中過ぎ（正午過ぎ）、影が実物と同じ長さになる午後、日没開始直後、日没後の五回のタイミングでマッカに向かって

写真2-6　勧善懲悪委員会が設けた案内所を訪れる巡礼者たち。マッカにて（出典 https://www.almowaten.net）

礼拝することが義務づけられている。先述したように、礼拝は自宅で一人ではなく、なるべくモスクで大勢の人たちとともに行うことが奨励される。そのため夜明け前の礼拝を除き、勧善懲悪委員会は市中で「サラー！　サラー！（礼拝ですよ！　礼拝ですよ！）」と呼びかけて、人々の足をモスクに向かわせる。この間、すべての商店は店を閉めるよう求められ、パトロール職員は店主が店を閉めているかを監視して回っている。なおレストランについては、食事中の客を追い出すことはしないものの、入り口を閉鎖するため、礼拝時間に出入りができないようになる。

また巡礼作法について、マッカのハラーム・モスクでは、年間で一〇〇〇万人前後の巡礼者を受けている。このうち、ズールヒッジャは日本でも「巡礼月」との名称で知られており、世界中から多くのムスリムが、信徒に課された巡礼の義務を果たすべくサウジアラビアの最終月には三〇〇万人ほどが訪れる。ズールヒッジャと呼ばれるヒジュラ暦ビアを訪問する。巡礼者の半数以上は外国人であり、彼らは必ずしもサウジアラビアの公用語であるアラビア語を理解しているわけではなく、初めての巡礼者は正しい巡礼作法を熟知していない場合もある。そんな彼らに対して、勧善懲悪委員会のパトロール職員は聖地での振る舞いや正しい巡礼の方法について、アドバイスを与えたり手引きとなるポケットサイズの本を配ったりするなど、指南役として活動している。

様々な取り締まり

この他の取り締まりとして、「教義」でいえば女性のヒジャーブに限らず、男性でもタンクトップや半ズボンといった肌の露出が多いファッションの他、ユニセックスなファッションが対象となる。また、若者が集まりやすいショッピングモールでは、女性を「ナンパ」する男性がパトロール職員に咎められるといった風景がしばしば見られる。

密造あるいは密輸された酒類・麻薬の押収といった、一般の警察が行う取り締まりも勧善懲悪委員会は行っている。同様に宗教的風紀と一般犯罪の双方に該当する取り締まり対象としては売買春がある。これらのケースではタレコミにもとづいて張り込みやおとり捜査を行うなど、通常の警察と同様の方法を採っている。他には「道徳」「マナー」に該当する事例として、市民による勧善懲悪委員会のパトロール職員に対する暴力行為も挙げられる。

国内での取り締まり分布については、職員数の偏り同様、首都を擁するリヤド州、聖地を擁するマッカ州での件数が突出して多い（表2－5）。二〇一二年の取り締まりでは、取り締

写真2-7　ジッダの旧市街。家庭内のプライバシーを見せないという観点から、イスラーム社会では忌避されがちな出窓のある建物が多く見られ、非ムスリムが集住していたことがうかがえる

まり件数の総数三三万九六一〇件（検挙者三五万八六〇一人）で、最も検挙数が多かったのはマッカ州の七万九四六七件であり、リヤド州の六万八六七九件がそれに続く。マッカ州での取り締まりの多さは、先述した巡礼作法に関する指南の他、ジッダにおける酒類の密輸や売春組織の摘発がしばしば行われていることが挙げられる。ジッダはサウジアラビア建国以前よりマッカへの玄関口として、多くの人や物が行き交う都市である。そのため、他の都市には見られない様々な犯罪が多く見られる。

酒類の密輸・密造や売買春のような組織犯罪を対象とした取り締まりは、サウジアラビア社会の治安維持にとって明らかな貢献を果たしている活動であり、メディアでもその実績については報じられる。しかしながら、こうした勧善懲悪委員会の活躍を伝える報道がある一方、多くの市民は彼らの過剰な取り締まりや、それに伴う事件や事故といった不祥事に注目する。次章では、市民が勧善懲悪委員会にどのような視線を投げかけているのか、またそれを受けて勧

表2-5　1997～2007年までの国内13州における取り締まり実績件数

州	西暦（ヒジュラ暦）				
	1997-98年（1418年）	1998-99年（1419年）	1999-2000年（1420年）	2000-01年（1421年）	2001-02年（1422年）
リヤド	22,272	79,858	143,691	132,430	125,536
マッカ	46,061	45,445	52,078	63,646	61,023
マディーナ	10,873	15,040	18,841	15,914	25,601
カスィーム	6,511	5,335	4,521	5,915	5,628
東部	32,767	34,080	38,657	40,760	37,962
アスィール	19,801	22,879	21,135	18,976	19,487
タブーク	11,204	13,912	9,358	8,521	12,110
ハーイル	5,030	4,876	5,395	5,040	7,641
北部国境	5,684	5,725	6,346	6,189	6,555
ジャーザーン	8,504	6,695	9,769	7,511	11,281
ナジュラーン	3,871	6,686	5,932	3,506	4,928
バーハ	2,936	3,040	4,027	4,282	4,784
ジャウフ	3,245	2,334	1,241	2,806	5,076
合計	178,759	245,905	320,991	315,496	327,612

州	西暦（ヒジュラ暦）				
	2003年（1423-24年）	2004年（1424-25年）	2005年（1425-26年）	2006年（1426-27年）	2007年（1427-28年）
リヤド	137,889	146,627	113,001	105,085	67,540
マッカ	98,102	103,125	99,213	114,844	83,835
マディーナ	13,015	12,181	22,814	22,950	15,664
カスィーム	12,176	6,910	10,586	12,574	8,748
東部	23,553	29,497	56,827	62,197	52,389
アスィール	22,802	25,181	25,596	21,507	16,347
タブーク	22,616	17,857	15,678	24,097	17,115
ハーイル	11,635	7,658	9,041	14,017	13,338
北部国境	6,776	6,194	5,617	6,924	4,136
ジャーザーン	19,818	11,839	10,004	11,917	8,443
ナジュラーン	4,244	4,463	9,505	8,468	6,045
バーハ	4,441	6,673	5,560	5,712	3,467
ジャウフ	5,564	6,139	6,675	6,464	3,816
合計	382,631	384,344	390,117	416,756	300,883

[出典] Hay'a, *Asas wa-mabādī*, Hay'a, 2009/10(H1431), p. 97

善懲悪委員会がどのような取り組みを行っているかについて明らかにしたい。

第３章

サウジアラビア社会が迎える変化

写真3-1　2012～2015年の間、勧善懲悪委員会のトップを務めたアブドゥッラティーフ・イブン・アブドゥルアズィーズ長官（前列右から３番目の男性）

1　サウジアラビアと「変化」

多くの社会において、公的機関の不祥事は市民の注目の的になりやすい。とりわけ行政・司法機関の不祥事は市民の間に怒りの渦を巻き起こす。近代国家において行政・司法機関は、自らが公明正大であることを条件として、市民にとっての暴力装置となることを許されているからである。公的機関の不祥事は、市民の生命・財産・尊厳を保護する代わりに市民に対する強制力を持つという「約束」を破ることを意味する。

中でも頻繁に怒りの対象となるのは警察であろう。市民にとって最も身近な暴力装置である警察は、市民の保護に日々携わる存在である一方、直接的な暴力を受けやすい存在である。また政治家や裁判官よりも、警察官はその身近さゆえに公人としては「格下」の存在と見られやすい。この点、警察は暴力装置の間でも、市民にとって非難しやすい存在といえるのかもしれない。

こうした点を踏まえ、本章では引き続きサウジアラビアを舞台に、一般市民にとって宗教警察がどのような存在なのか、彼らの取り締まりを人々がどう評価しているのか、さらにその評価を受けて勧善懲悪委員会がどのように対応しているのかを説明したい。

今日のサウジアラビア

二〇〇八年一一月、アメリカのバラク・オバマ上院議員は"Change"(変化)をスローガンに国民の支持を集め、同国の大統領選挙に勝利した。変化といったスローガンが支持される背景には、現状に対する不満や打開の必要性を人々が共有していると考えるのが普通である。オバマ政権(二〇〇九~二〇一七年)がどれほどの変化を成し遂げたのかを検証することは本書の趣旨から外れるが、中東情勢に関していえばイラクとアフガニスタンからの駐留米軍の撤退宣言やイランとの核協議に向けた交渉の後押しなど、前ジョージ・W・ブッシュ政権時代(二〇〇一~二〇〇九年)の軍事拡張主義やこれに伴い悪化した中東諸国との関係を見直すといった政策の転換が示された。このように、政治に限らず変化というスローガンには、過去を反省、否定する意味合いが強い。

サウジアラビアもまた、変化という言葉が人々の関心を摑んでいる国の一つである。その大きな要因は、国民の半分以上が二五歳以下という特徴的な人口構造にある。前章で述べたように、サウジアラビアはワッハーブ主義を国是とした経緯から宗教的には保守といえる立場であり、これを維持する社会作りを心がけてきた。ただし、今日の国民の半分以上を占める若者の多くは、唯一なる神と預言者ムハンマドが使徒であると信じ、日々の礼拝や断食・斎戒を行うかたわら、外国の文化などの新しいものを取り込むことにも意欲的である。

写真3-2　リヤド市内の菓子店で販売されているクリスマスギフト。異教の慣習であるクリスマスは、バレンタイン・デーと同様に一般的ではないが、近年ではこれらをイベントとして楽しむ人々も少なくない（写真提供：三宮和美氏）

映画館やアウトドアスポーツを楽しめるレジャー施設が存在しないサウジアラビアでは、反面、インターネットのインフラが中東諸国の中では充実しているため、インターネット動画を観たりソーシャル・ネットワーキング・サービス（SNS）に興じたりする若者が多い。また、かつては王族や一部のエリート家系に限られていた欧米圏への海外留学も、今では一定数の大学生が経験するようになった。キャリアアップに関心を持つ若者にとっては、アメリカ、イギリス、カナダ、オーストラリアといった英語圏への留学が、人生の成功のための重要なステップになっている。こうした事情は一昔前のサウジアラビアに見られなかったといわれ、まさに同国は今、変化を享受している最中にある。

　ただしこの変化は、必ずしも過去への反省や否定につながるものではない。過去の政策のあり方、すなわち以前の国王の事績を批判するのは一般的でなく、またワッハーブ主義という国是にもとづいた社会のあり方を一方的に否定する風潮もない。宗教権威であるウラマーに対しても、少なくとも表面上は一定の敬意が示され、変化の一方で人々は自国の伝統を重んじている。こうした中、例外的に人々が変化の引き換えとして批判する相手が勧善懲悪委員会である。

市民と勧善懲悪委員会

外国人には自分の国の良いところを知ってほしい。一般的にはどの国の人もそう思うかもしれない。もちろん、国際社会の支援を得るために、あるいは真実を伝えるために、自分の国の惨状を知ってほしいと思うケースも多々ある。いずれにせよ、各々が外国人に知ってもらいたい、関心を持ってもらいたいという部分が存在する一方で、外国人にあまり知られたくない、関心を持たれたくないという部分もあるだろう。サウジアラビア人と話していて、彼らにとっては勧善懲悪委員会がその「知られたくない」、「関心を持たれたくない」ものの一つではないか、と感じることがしばしばある。

筆者はサウジアラビア滞在中、「勧善懲悪委員会以外にも注目すべき点があるでしょう」といった、苦言のような言葉を受けることが多かった。確かに彼らの発言には一理ある。しかしこのセリフは、「勧善懲悪委員会」を「政治」に置き換えようが、「経済」に置き換えようが成り立つはずである。この点、彼らの筆者に対する言葉からは、なぜこの外国人はよりにもよって勧善懲悪委員会なんかに興味を持っているのかという物珍しさや呆れた感覚がうかがえた。

こうした発言を筆者に投げかける人々は、大学生やビジネスマン、学者や役人と様々であるが、彼らの気持ちを忖度《そんたく》すれば、おおむね以下のようなものであろう。現在、サウジアラビアは先述した変化の只中にある。若者は海外に飛び立ち、女性の社会進出も進んでいる。サウジアラビアは今や宗教のみでもって語られる国ではないと。

そもそもサウジアラビア人は、外国人、とりわけ欧米諸国をはじめとした非イスラーム社会の人々の目に自国がどう映るかどうかに敏感な人々である。この背景には、ワッハーブ主義という国是が時代錯誤な宗教的立場と見なされてきたことで、サウジアラビアがイスラーム社会の中でも奇異な存在と見られてきたことがある。さらには二〇〇一年九月の米国同時多発テロ「九・一一事件」の実行犯一九人のうち一五人が自国の出身者であったことから、サウジアラビア人は自国が海外から「テロリストの温床」といった否定的なイメージで捉えられているという意識が強い。

そんな中、サウジアラビア人にとって勧善懲悪委員会に関心を持つ外国人は、自国に対して旧態依然な社会というイメージを持っている、あるいは自国を歪めたイメージで捉えようとしている人々と映るのかもしれない。もちろん筆者にそのような意図はなかったが、彼らからすれば、外国人である筆者が勧善懲悪委員会に関心を持つことの背景に、なにかしらの偏見があると思ったのだろう。

外国人にとって、勧善懲悪委員会がサウジアラビア社会の宗教的保守性を示す強烈な要素であることは疑いのない事実である。海外、とりわけ欧米のメディアは、西洋近代的な価値観と照らし合わせて、勧善懲悪委員会の取り締まりが人権侵害や女性差別にあたると報じている。勧善懲悪委員会の取り締まりは、いずれもワッハーブ主義の目指す社会形成にもとづいた考えであるが、多くの報道において、そうしたサウジアラビア社会の基底については掘り下げられることなく、ただ勧善懲悪委員会という時代錯誤な組織が存在し、無辜な市民から自由や権利を奪っているという見方が強調されている。この点を踏まえれば、外国人が勧善懲悪委員会に関心を抱くことをサウジアラビアの人々がいぶかしがるのにも納得がいく。

2　勧善懲悪委員会をめぐるトラブル

一部のサウジアラビア市民は、勧善懲悪委員会を世界に自国の風評を撒き散らす存在と見ている。しかし、こうした見方を持っているのは海外の視線を気にする知識人や、外国人と接する機会が比較的多い人々だ。大多数の人々にとって、勧善懲悪委員会に対する否定的な視点は自分たち一般市民への直接的な暴力や被害が原因である。事実、国内のメディアでは、パトロール職員が引き起こすトラブルがたびたび報じられてきた。

ここでは、そうしたトラブルを不祥事一覧のような形で眺めることはしないが、代わりにサウジアラビア人が勧善懲悪委員会に対して抱く否定的なイメージがどのように強まっていったのかについて、いくつかの事件を通して確認したい。

マッカ女子校火災事故

先述したように、勧善懲悪委員会は麻薬や密造酒、また売買春の取り締まりといった通常の犯罪を取り締まっており、このことは一般市民にも知られている。こうした通常の治安維持活動について勧善懲悪委員会を批判する声はほとんど聞こえない。勧善懲悪委員会の活動で市民が批判するのは、女性の服装や未婚男女の交流などを対象とした取り締まりである。とくにこうした取り締まりの際に発生するパトロール職員の暴力行為といったトラブルは注目を集めやすい。

このうち、最も有名な事件は、二〇〇二年に起こったマッカの女子校での火災をめぐる対応であろう。二〇〇二年三月、マッカの女子校で火災が発生し、一五人の女子生徒が犠牲となった。サウジアラビアでは多くの場合、小学校（六年間）、中学校（三年間）、高校（三年間）が同じ敷地にあるが、校舎は男子部と女子部に分かれている。女子部は原則女性だけの世界であり、校舎の中は公共の場ではあるが男性がいない。このため、女性は外で身につけているヒジャーブやアバーヤ（外套）を脱いで活動しても良い。

現場がこうした「女性の園」であったため、火災が発生した際、勧善懲悪委員会は女性の服装規定の観点から、女性が髪や肌を出した服装のまま避難すること、またそうした服装の女性がいる現場に男性の消防隊員が救出に向かうことを妨害したと報じられた。現場の詳しい状況がわからない以上、勧善懲悪委員会がいなければ犠牲者が減ったはずだとは迂闊にはいえない。しかし女子生徒が髪や肌を隠すこと、男性が女子生徒に接触しないことを、人命よりも優先したと受けとられても仕方がない彼らの行動は、世間の勧善懲悪委員会のあり方に対する批判を厳しいものにした。

近年では、ここまで大きな被害の事件は見られないものの、犠牲者の多寡で事件の程度を判断するわけにもいかない。たとえば二〇一二年、サウジアラビア南西部の山岳地帯にあるバーハ州で、ある一家が自動車で走行していた際、勧善懲悪委員会のパトロール職員が夫婦を未婚男女のカップルと勘違いしてIDの提示を求めた。夫婦はその求めを拒否して逃走し、勧善懲悪委員会が夫婦を追跡したところ、夫婦が自損事故を起こし、夫が死亡した。

この事故については、身分証明書を見せれば夫婦だということがすぐさま判明したのになぜ逃げたのか、という声が上がっても不思議ではないはずである。しかしながら、こうした声は市民からほとんど上がらず、代わりに勧善懲悪委員会の取り締まりを「行き過ぎたもの」だと批判する声がメディアでは多く見られた。人々の関心が事件の詳細以上に、勧善懲悪委員会のパトロールがいかに不当な、誤った、乱暴なものであるかを訴えることに集まっている様子がうかがえる事件であった。

勧善懲悪委員会への意識

実際のところ、勧善懲悪委員会の取り締まりは行き過ぎているのか。

先に、勧善懲悪委員会の取り締まり項目の分類を紹介した。そのうち、「道徳」や「マナー」、「その他」といった、勧善懲悪委員会の裁量に任されている項目がある。服装や未婚男女の交流といった、市民の注目を集める取り締まりの多くがこれらの項目に該当する。

もちろん女性が髪を隠し、身体のラインが目立たないような服装をすること、親族以外の男女がとくに夜間や人気のない場所で会うことは、イスラームの教えにもとづいて忌避され、またワッハーブ主義が目指す社会においては不適切なこととされる。しかしこうした取り締まりの対象となる人々の中に、イスラームやワッハーブ主義に背くという明確な意図があるケースは少ない。むしろ人々が抱いているのは、目くじらを立てるほどではないことを取り締まっていることへのいらだち、取り締まりがとくに女性や若者をターゲットとしているという不平等感、また社会の変化を享受している最中、それに水を差すような取り締まりをしてくることへの煩わしさであろう。

これらの点について少し考えてみたい。確かに勧善懲悪委員会は、先述した内規にもあるように「疑わしい」ものを調べるという行動指針にもとづいて、注意深いパトロールをしている。筆者の知り合いの男性は「持っているカメラを見せなさい」、「携帯電話をなぜ二台も持っているのか説明しなさい」といった職務質問を勧善懲悪委員会から受けたが、彼からすれば難癖をつけられたと感じたようだ。人いるところ常に犯罪ありという考えは、治安維持を目的としたパトロールにおいて重要であろう。しかし大多数の一般市民は、服装や所持品について細かく尋ねられることで、あらぬ疑いが自分たちに向けられていると感じている。

また市民からはしばしば、「市民の言動だけでなく官僚や商売人の不正を取り締まるべき」といった声が聞かれる。これは、サウジアラビア市民が勧善懲悪という思想的基礎やヒスバという制度自体について全面的に否定するわけではないことを浮かび上がらせる意見として注目

写真3-3　市場の中心にある勧善懲悪委員会の事務所。マッカ州の都市ターイフにて

に値する。これらの声にどれだけ歴史的な知見が反映されているのかは判断がつきかねるが、「商売人の不正」といった言及は、かつてのムフタスィブの主たる役割である。しかしサウジアラビアにおける今日のムフタスィブは、一般市民の日常の言動を主たる取り締まり対象としており、あくどい商人や役人を取り締まる、という「正義の味方」とはほど遠い姿と捉えられている。

　こうした不満をさらに強めているのが、一般市民の中でも女性や若者が取り締まり対象となりやすいことである。彼らは女性のエンパワーメントや、若者の海外留学促進といった、政府の後押しを受けた新しい生活や考え方を享受している最中にある。もちろんこれによって、彼らが従来の伝統を捨て去るとは限らない。彼らからすれば、iPadでアニメを視聴したり、Play Stationでゲームをしたり、SNSで外国人と交流したり、ZARAやH&Mなどのファッションブランドに身をまとう生活は、自国の宗教伝統を汚すものでも、彼ら自身が信仰を捨てることにつながるわけでもない。

しかし社会の急激な変化を嫌う保守派、とりわけそれを監視する立場にある勧善懲悪委員会はそうは見ない。スマートフォンの画面を見入る男性がいれば、ポルノ動画や異性とのやりとりに夢中になっているのではないか。髪の生え際を見せたり刺繍が入ったお洒落なアバーヤをまとったりしている女性がいれば、男性を誘惑しているのではないか。こうした疑いは、女性や若者からすれば、自分たちの日々の生活にいちいち因縁をつけるものでしかない。

メディアに見る勧善懲悪委員会

こうした市民の考えに影響を与えているのが国内のメディアであろう。海外のメディアにおいて、勧善懲悪委員会がサウジアラビアの奇異な面を強調する存在として取り上げられることについてはすでに述べた。では、国内のメディアは勧善懲悪委員会をどのように伝えているのか。複数あるサウジアラビアの全国日刊紙のうち、代表的なものとして、アラビア語新聞である『リヤド』と『ワタン』、英語新聞である『アラブニューズ』と『サウジガゼット』の四紙を取り上げてみたい。

表3－1は、筆者が年間を通じてサウジアラビアに滞在した二〇一二年を対象に、勧善懲悪委員会の取り締まりに関する報道の件数を、前章で紹介した取り締まり項目にならって分類したものである（白丸数字は取り締まり計画についての報道）。手作業の集計によるもので、厳密な統計資料として用いることはできないが、勧善懲悪委員会をめぐる報道の特徴をいくつか

表3-1　2012年における取り締まりに関する報道件数一覧

新聞紙名	教義	儀礼	道徳マナー	酒類	麻薬	出版物	商売	その他
リヤド			-			1①		2②
ワタン	1		3①					4④
アラブニューズ	3①	1①	-	1	1①	1①	1①	
サウジガゼット	13		4	1		1①		6③

うかがうことができる。

まず顕著なのは、勧善懲悪委員会が公式に発表した取り締まり実績では二番目に少なかった「教義」が、報道では最も多く取り上げられている点である。ここでの「教義」といえば、やはり女性の服装や男女の密会についての取り締まりが中心となる。取り締まり実績の中では少ないこれらの取り締まりがメディアでは主たる活動として報じられることで、勧善懲悪委員会が女性や若者の敵であるかのようなイメージが市民の間で醸成されている可能性は高い。

その一方で、密造酒や麻薬の押収といった、明らかに社会の治安維持に貢献した取り締まりについては、確かに実績自体多くはないものの、報道される機会となるとさらにまれである。もっとも、褒められるべき活動は「当たり前」と見なされて注目されず、一方で不祥事については注目されるというのは、宗教警察に限った話ではない。一般の警察だってそうであるし、日本の場合でも公的機関や有名企業であれば日々の良い活動を報じることは「宣伝になってしまう」という考えもあって避けられるが、不祥事を起こした時は普段以上に報道され、世間の注目を集める。

ただし、不祥事が報じられることを含め、勧善懲悪委員会に対する世間からの風当たりの強さはサウジアラビアの公的機関としては例外といって良いほどである。そもそもサウジアラビアでは、政府や公的機関に対する表立った批判がなされる機会は多くない。各種機関の政策を批判することは、機関の長である王族や有力者を批判することになるからである。宗教機関に関してもウラマー委員会をはじめとして、国内のモスクの管理を主たる任務とするイスラーム問題省、聖地マッカへの巡礼のロジスティクスを担当する巡礼省などがあるが、これら機関に対する批判は少なくとも表立ってはほとんど見られない。

勧善懲悪委員会を批判するのであれば、これを公的機関として設けた政府や、思想的観点から彼らの活動を支持するウラマー委員会などを批判しても良さそうなものである。だがそうした批判も見られない。もちろんこの背景には、先述したように、市民が勧善懲悪委員会の存在自体を否定しているわけではないという理由もあるだろう。しかしこれに加えて、勧善懲悪委員会が市民にとって、社会への不満に対する「ガス抜き」のような役割を果たしているとも考えられる。たとえ様々な生活規範に不満を持ったとしても、閣僚やウラマーたち、ましてやイスラームの教えそのものを批判するわけにはいかない。しかし勧善懲悪委員会であれば容易に批判できるというわけだ。

もちろん、政府が勧善懲悪委員会に対する批判に対してなんらかの措置をとるようであれば、勧善懲悪委員会もこのような「ガス抜き」の役割を演じられるはずがない。つまり、勧善懲悪委員会が「ガス抜き」の役割を担っているのだとしたら、それは閣僚やウラマーにとっても都合が良い事態だということになる。場合によっては自らに及ぶ可能性がある市民の不満を、勧善懲悪委員会が受け止めているというのが実情であろう。

勧善懲悪委員会と外国人

勧善懲悪委員会に関する報道に見られるもう一つの興味深い特徴は、アラビア語紙よりも英語紙の方が取り締まりについて多く報じていることである。これはなにを意味するのだろうか。

単純に考えて、新聞によって報じる内容が異なるとすれば、それは異なる理念にもとづいた、または異なる読者層を対象とした新聞だということであろう。二つの英語紙は、『アラブニューズ』が一九七五年、『サウジガゼット』が一九七六年に創刊された。いずれも石油ブーム以降、サウジアラビアで欧米を中心とする在留外国人が急増した時期に該当する。この点、これらの英語紙はビジネスマンや外交官、また出稼ぎ労働者といった外国人を主たる読者層と想定している。

このためか、英語紙はアラビア語紙よりもリベラル志向が強いといわれる。とくに『サウジガゼット』紙は、二〇一四年に国内で初めてとなる女性編集長が誕生したことが注目を集めた。英語紙が市民への暴力や女性への執拗な取り締まりを頻繁に取り上げることにも合点が行

写真3-4　ジッダの男性用トイレ個室内の壁に書かれた、売春あっせんのものと思われる電話番号

く。

　またなによりも、サウジアラビアに住む外国人にとって、勧善懲悪委員会の動向は一種の治安情報として必要とされる。日本外務省の「海外安全ホームページ」のサウジアラビアに関するページでも、現地在住邦人向けの安全（防犯）情報の一環として勧善懲悪委員会が紹介されており、彼らが在留外国人の身の安全を害しうる存在なのだとする意識がうかがえる。

　勧善懲悪委員会の発表によれば、二〇一〇年から二〇一一年にかけて取り締まった人数は三九万二三二五人（事件としては三七万〇七四八件）で、その内訳はサウジアラビア人が一〇万九八四三人に対して外国人が二八万二四八二人と、三倍近い差がある。実際のところ、勧善懲悪委員会は自国民よりもはるかに多くの外国人を取り締まっていることになる。サウジアラビア中央統計情報局によれば、二〇一〇年に行われた国勢調査の時点で、国内居住の外国人数は総人口の三分の一以上を占める。一般の外国人労働者は、サウジアラビア側によるスポンサーシップを必要とし、彼らの多くは建設業などの肉体労働に低賃金で従事する。自営業の禁止を含め、彼らの社会的ステータスは決して高いものではない。こうした背景により、一部の外国人が就労査証では認められていない仕事に従事する、あるいは犯罪に手を染めるケースが見られるのは事実である。

もっとも一口に外国人といっても、たとえばアフリカや南アジアから集団で出稼ぎに来たブルーカラーの労働者と、アメリカの大使館員や日本の商社マンといったホワイトカラーの労働者では、勧善懲悪委員会の対応にも違いが見られる。国籍や人種によって取り締まりの方法を変えるという明確な規定はないが、社会的なステータスの問題か、ホワイトカラーの人々に対する取り締まりは勧善懲悪委員会が手心を加えるともいわれている。

3 勧善懲悪委員会の改革

社会の変化への対応はあらゆる政府機関に共通した課題である。サウジアラビアではその変化を受けて、国家の宗教的性格がどう対応するのかが注目を集めている。中でも、国家の宗教的性格を社会の最前線で守ることを役割とする勧善懲悪委員会の動向はきわめて重要となる。

こうした背景から、近年では勧善懲悪委員会の体制や活動をどう変えていくかについて協議する場がしばしば設けられている。たとえば二〇一〇年には「ヒスバ会議」と「価値観と道徳の強化のための会議」、二〇一一年には「勧善懲悪委員会と社会についての会議」といった、諮問評議会議員や国内の大学に所属する研究者などの外部有識者を交えた催しが行われた。そしてこうした様々な機会を通じて、勧善懲悪委員会が今後変わっていくのか、そうであるならどう変わっていくのかということへの関心が社会で高まり始める。そうした中、勧善懲悪委員会が新体制下での様々な改革に取り組んだ。

新長官の就任

二〇一二年二月、筆者がリヤドにある勧善懲悪委員会本部を訪れた時のことである。部屋に通された筆者に、職員がブレンドコーヒーとビスケットを差し出してくれた。応対にあたってくれた広報課長は、私が少し戸惑ったのを見逃さず、「驚かれましたか。あなたは外国人ですからね」と優しい笑みを浮かべた。

多くの人にとっては、なんのことかわからないやりとりだろう。通常、サウジアラビアでは会社や公的機関を訪問した際、カルダモンを効かせた黄褐色の「カフワ」（アラビア語で「コーヒー」の意味。他のコーヒーと区別するため、カフワ・アラビーヤ〔アラビック・コーヒー〕といわれることもある）と、ナツメヤシが出されるケースが多い。客人に対する伝統的なもてなしのスタイルで、日本でいえば緑茶と和菓子である。

こうした伝統的なスタイルを、保守的な人々の集まりと見られている勧善懲悪委員会が敢えてしなかったことを、広報課長としては筆者に印象づけたかったのだろう。「あなたは外国人ですから」という言葉の背景にあるのは、外国人にサウジアラビアの伝統的なもてなしをする気はないという意図ではなく、外国人には外国人に合わせたもてなしをする、勧善懲悪委員会はそんな柔軟な対応がとれるのだということのアピールであった。

この少し前の二〇一二年一月一四日、勧善懲悪委員会の新しい長官にアブドゥッラティーフ・イブン・アブドゥルアズィーズが任命された。勧善懲悪委員会が良くも悪くも注目を集めることから、国内のメディアはこの人事について大々的に取り上げた。筆者が冒頭の勧善懲悪委員会本部の訪問希望を連絡したのは二〇一一年秋である。その要望に対して勧善懲悪委員会から了承の返事が来たのはこの新長官が就任したわずか数日後であった。普通に考えれば、新体制が発足したばかりで外国人の受け入れなどする暇がないのではないかと思う。しかし後から考えれば、こうした外国人受け入れも含め、勧善懲悪委員会が新体制の姿勢をアピールすることに意欲的であったのだろう。

イブン・アブドゥルアズィーズ長官の取り組み

イブン・アブドゥルアズィーズ長官は、リヤドのイマーム大学を首席で卒業し、イスラーム学で博士号を取得した、イスラームの専門家である。職歴としてはウラマー委員会の事務局に勤めるなど事務方としてのキャリアを持ち、加えてシャイフ家の出身者であるという点で、宗教界においてもよく知られた人物であった。

しかしながら、イブン・アブドゥルアズィーズの長官就任についてメディアがこぞって報じたのは、学歴や職歴よりも、「今日の社会問題に対して中庸な立場」を採る「寛容な人物」だという彼の人物像であった。この評判に応えるように、彼は就任にあたり、「勧善懲悪委員会の活動の本質は人々の権利とヒスバを守ることである」と述べ、風紀取り締まりが市民のためのものであることを訴えた。そして、「悪事を行うこと無しに悪事を防ぐ」、「我々は使徒［筆者注：無誤謬な存在］ではないが、我々の行為を市民に信じてもらえるよう努める」と述べ、これまで勧善懲悪委員会に寄せられてきた批判や、そうした状況の改善への期待を強く意識し

写真3-5　市中で行われる様々な催しを視察するイブン・アブドゥルアズィーズ長官（右）

た姿勢を示した。

　これにあたり、イブン・アブドゥルアズィーズ長官は、いくつかの具体的な改革案を掲げた。その目玉といえたのが、ボランティアによるパトロールの廃止である。ボランティアとは、勧善懲悪委員会の正規職員と同様に市中をパトロールしてきた人々を指す。正規職員ほどの宗教的素養を必ずしも持っていないこともあり、彼らの取り締まりはかねてより市民の批判の対象とされてきた。イブン・アブドゥルアズィーズ長官は、彼らの献身に謝辞を述べた上で、今後パトロールは正規職員のみが行うことを発表した。また同時に、勧善懲悪委員会による違法取り締まりの調査の強化及び厳罰化を発表した。これに沿って、今後市民とのトラブルを引き起こす取り締まりに関しては、勧善懲悪委員会本部が内部調査を行い、必要であれば当該職員に何らかの処分を課すことが決定された。

　こうした綱紀粛正の動きは、おおむねサウジアラビア市民に高く評価された。とりわけボランティアによるパトロールの廃止に対しては、市民から歓迎の声とともに、「（そもそも）勧善懲悪は勧善懲悪委員会のみが負う義務ではない」という声が上がり、限られた機関による勧善懲悪の実践を特権的と見る不満が募っていた様子がうかがえた。

サウジアラビア社会が様々な変化を経験する中で、勧善懲悪委員会だけはそれに抗い、変化を妨げる存在と見られてきた。しかしイブン・アブドゥルアズィーズ長官の就任は、ついに勧善懲悪委員会にも改革の波が訪れるのではないかとの機運を高めた。このため、少なくとも就任当初、イブン・アブドゥルアズィーズ長官はサウジアラビア国内の幅広い層に歓迎されたように思える。新長官の就任によって、勧善懲悪委員会を頑迷固陋《がんめいころう》な存在と見る人々は、これで勧善懲悪委員会が少しは社会に順応するのではないかと考え、勧善懲悪委員会をワッハーブ主義の担い手として重視する人々は、これで勧善懲悪委員会が市民から批判される事態もやわらぐのではないかと考えた。

ヒスバの強化

しかしながら、イブン・アブドゥルアズィーズ長官の掲げた新たな政策は、市民の期待に迎合するものだけではなかった。新長官の就任直後、二〇一二年二月に行われた委員会内会合「サウジアラビアにおけるヒスバの今日的実践」では、先述したメディア向けの発表とは趣が異なり、ヒスバがイスラームの象徴であること、そしてサウジアラビアがそれを体現する稀有な存在であることが確認された。その中でイブン・アブドゥルアズィーズ長官は次のように述

写真3-6　リヤド郊外の水煙草喫茶店。水煙草の提供は市内では禁止されている

べている。

ヒスバの実践は、イブン・サウードとイブン・アブドゥルワッハーブの二人がサウジアラビアを基礎づけた要素であり（中略）第三次王国のあり方として、歴代国王に継承されてきた。

Hay'a, al-Hisba, vol. 118, Hay'a, 2012 (H1433), pp. 6-7.

この発言からは、イブン・アブドゥルアズィーズ長官が、サウジアラビアにおいてヒスバ及び勧善懲悪委員会の存在が必然かつ正当と考えていることがうかがえる。事実、彼はボランティアの廃止などに続き、商店における男女の隔離、女性職員の採用、他の政府機関との連携といった、ヒスバの強化につながる政策案を次々と掲げた。

商店における男女の隔離については、従来、国内の大型ショッピングモールなどで男性のみの入店を禁じる女性専用フロアや、家族連れ専用日が設けられるなど、男女の隔離に注意が払われてきた。イブン・アブドゥルアズィーズ長官が掲げたのは、新たに女性用の下着や化粧品といった、客が女性に限られる店舗で男性が就労することを禁じるものである。実はこの案についいては、かつて政府が提案したものの、勧善懲悪委員会が女性の就労は好ましくないからと反対した経緯がある。しかしイブン・アブドゥルアズィーズ長官の体制下、労働省との交渉を経て、二〇一二年以降は国内のショッピングモールで女性の就労が開始された。

女性のための政策

興味深いのは、勧善懲悪委員会がこれらの政策を、女性と、女性の社会進出を促進したい政府にとって有益だとアピールしたことである。これについてイブン・アブドゥルアズィーズ長官は、女性下着の販売店における男女隔離を一例として説明した。従来サウジアラビアでは、女性の家庭外での就労は望ましくないとし、医療機関や教育機関など、女性の身体に触れたりする職場を除き、女性の就労が禁じられていた。そのため女性用の下着売り場であっても男性が販売員として勤めており、女性客はこれについてかねてより不満の声を上げていた。

この点を踏まえ、イブン・アブドゥルアズィーズ長官は、「女性のための雇用創出を求める国王令によって、彼女らに快適な労働環境を提供する条件が整った」とした上で、「女性の性質や特性に合致し、彼女たちの尊厳と栄誉を守る雇用創出の努力によって、下着販売店は数万人の女性を容易に雇用することができる」(*Arab News*, 22, Sep. 2013)と述べた。そしてこれにより、下着売り場で親族以外の男性が立ち会うことを嫌う女性、就職先を探している女性、女性の失業問題に取り組む政府が利益を受けると主張した。

彼のこの説明には一理ある。サウジアラビア中央統計情報局によれば、二〇一三年第4四半期のサウジアラビア人全体の失業率は五・五パーセントだが、女性に関してはその数値が三二・一パーセントに跳ね上がる。若年層が多くを占める社会で、雇用創出が急務であることを受けて、サウジアラビア政府は近年、外国人労働者に変わってサウジアラビア人を雇う民間企業に対し、その割合に応じて補助金を出すなどのインセンティヴを設けることで、労働力の自国民化政策を進めている。

しかし女性の雇用問題にはより根本的な制度改革が必要となる。公共の場で異性と接触することが避けられ、それを助長しうる自動車の運転が禁じられた社会では、女性が一人で外出し、男性のいる職場で就労するのが難しい（後述するとおり、女性の自動車運転は二〇一八年六月より解禁された）。近年ではデジタルカメラやパソコンを使ったグラフィック・デザインの学習が女性に人気があるようだが、筆者が耳にしたその理由の一つは「外出しないで仕事ができるから就職先の選択肢が広がる」というものであった。

こうした中、男女隔離を進めることで女性が就労しやすくなるという考えは、根本的な解決ではないかもしれないが、勧善懲悪委員会なりの女性への配慮といえなくもない。女性の側はというと、失業している立場からすれば、当面の雇用創出政策はもちろん利益となる。さらに、先述したように、女性用下着店で男性が就労することを嫌がる女性やその配偶者も多いことを考えれば、勧善懲悪委員会としては男女の不適切な接触を防ぎ、女性の側としては下着の購入を快適に行うことができる、双方にとってのウインウインな措置がとられたことになる。

ただし、こうした男女隔離のバーターとして、イブン・アブドゥルアズィーズ長官は、女性のパトロール職員の採用案を掲げた。女性職員の採用に関しては、勧善懲悪委員会のパトロール領域をショッピングモールの女性品売り場、結婚式場の女性用会場、モスクの女性用礼拝スペースといった、男性の立ち入りが難しい女性の空間へと広げるためのものである。

男性からのセクシャルハラスメントを防止するのではなく、女性だけの世界で取り締まりを行うことを目的としたこの政策案は、女性の間では非常に評判が悪かった。たとえば筆者が話した大学の女性教員は、「女性のパトロール職員なんて想像もしたくありません。ほとんどスパイのような存在です」と、強い反対姿勢を見せていた。そもそも女性側から見れば、今まで取り締まりが及ばなかった領域で勧善懲悪委員会のパトロールが堂々と行われるわけであるから、男女隔離の政策案で用いられた「女性のため」という大義名分は、女性職員の採用という政策案では通用しない。

社会にとってのヒスバ

『ワタン』紙のコラムによれば、サウジアラビア市民の間には勧善懲悪委員会の必要性を訴える賛成派と不要性を訴える反対派、そしてこれらの中間に、留保つきで勧善懲悪委員会を認める穏健派がいるという。そして穏健派の特徴として、「勧善懲悪委員会がその趣旨と関係ない事柄に関与していることを認識している」（*al-Watan*, 18, Jan. 2012, p. 18）点を挙げる。具体的になにが「関係ない事柄」なのかについては説明がないが、確かに勧善懲悪委員会の必要性を全面的にではないが支持するという声は一定程度聞くことができる。

本章はこれまで、若者や女性の敵の如く報じられる勧善懲悪委員会が、しばしば旧態依然の象徴と見なされ、現代的風潮を反映した批判が多く寄せられていることを指摘してきた。ただし、その現代的風潮が常に支持されるわけではない。たとえば二〇一一年一二月、サウジアラビア女性研究所の主催で、「サウジアラビアの女性――彼女らの権利とそれを妨げるもの」と題された会議が開催された。そこで同研究所のフワード・アブドゥルカリーム事務局長は次のように発言し、社会で高まる女性の社会進出の機運を牽制した。

女性の権利をめぐる問題は西洋社会の価値観が支配的だが、我々はイスラーム、サウジアラビアの価値観でもって対応すべきであり、女性は西洋の支配的な価値観に惑わされることなく個々人で信仰を保持すべきである。

Arab News. 12, Dec. 2012, p. 2

加えて、現代的風潮が常に勧善懲悪委員会への批判に帰結するわけではない点も重要である。たとえば二〇一二年年六月、リヤドで勧善懲悪委員会のパトロール職員が、マニキュアを塗った女性に対してショッピングモールからの退去を強要するという出来事があった。この出来事は女性がパトロール職員との会話のやりとりを録画して、インターネット動画サイトYouTubeに投稿したことで数日のうちに知れ渡った。

これに対して、動画の視聴者からは、動画は取り締まりの横暴ぶりを示すものだとして勧善懲悪委員会を批判する声が多く上がった。しかし一方で、「これによって委員会の活動の価値が変わる（下がる）わけではない」、「この女性は西洋シンパから共感を得たいのだろう」と、女性を揶揄するコメントも現れた。その後、『ワタン』紙のコラムでは、「この出来事が西洋に知れ渡ったことで我々は嘲笑、風刺の対象となった。この女性が賢明であればここまでの事態には

写真3-7　勧善懲悪委員会が押収した酒類の展示。上部にクルアーンの聖句「信仰する者たちよ、酒と賭け矢と石像と占い矢は不浄であり悪魔の行いにほかならない。それゆえ、これを避けよ。きっとおまえたちは成功するであろう」（第5章「食卓」90節）が記されている

ならなかった」(*al-Waṭan*, 29, Jun. 2012, p. 29) と、女性を断罪するかのような見解が掲載された。

また筆者が知り合った、リヤドの繁華街の至近に住む大学生によれば、彼の周囲で勧善懲悪委員会のパトロールを近年再評価する機運が高まっているという。リヤドでは若者の人口割合増加を受けて失業率の高まりが問題となっており、繁華街では失職中の若者が夜中にしばしば騒いでいる様子が見られる。このことを受けて青年たちは、市中の治安維持の面で勧善懲悪委員会のパトロールが今こそ必要であると理解し始めたようである。

こうした例からは、サウジアラビア社会において現代的風潮が、勧善懲悪委員会に対する否定的評価を育む一方、その反動として肯定的評価も育んでいる様子がうかがえる。社会の変化が勧善懲悪委員会の存在を完全に否定するのではなく、彼らの存在意義をどう再評価できるのかを模索する機会になっているのだといえよう。

4 勧善懲悪委員会はどこへ向かうのか

二〇一七年、サウジアラビア社会に大きな変化の予兆が訪れた。九月の国王令によって、従来禁止されていた女性の自動車運転が二〇一八年六月から解禁になることが発表されたのである。また同年一二月、一九七〇年代から禁止されていた映画館の営業許可の発行をめぐる手続きが文化情報省の主導で進められ、二〇一八年四月一八日にはアメリカの最新映画『ブラック・パンサー』が招待制ではあるがリヤド市内で上映された。同年一月には、女性が初めてスタジアムでサッカー観戦をすることも許可されている。

そもそも、サウジアラビアで女性の自動車運転やサッカー観戦、また映画館の営業がなぜ禁止されていたのか。これについては様々な議論があるが、単純にいえば、ワッハーブ主義が考える性秩序・規範に抵触する事態の発生を防ぐためである。女性が自動車を運転できるようになれば一人で遠出し、親族ではない男性と人目のない場所で出会うことが容易になる。また映画館ができれば、暗がりの中で人目を避けて男女が逢瀬を重ねることができる他、ともすればナンパやセクハラの温床ともなる。

いずれもワッハーブ主義の考えにならった、実にサウジアラビアらしい措置であるといえる。一方、これらは人々の社会生活や娯楽を規制する過剰な措置とも見なされる。とりわけ自動車運転の禁止については、世界でも類を見ない措置であることから、女性に対する権利侵害だとする批判が国際社会からかねがね寄せられてきた。この「因習」がなくなるということで、いよいよサウジアラビア社会が変革の時を迎えるのだと世界は予感した。この変革の中で、勧善懲悪委員会はどのような立場にいるのか。まずはこの数年のサウジアラビア国内の情勢について簡単に述べておきたい。

サルマーン国王の即位

二〇一五年一月二三日、アブドゥッラー第六代国王（一九二四～二〇一五年、在位二〇〇五～一五年）が崩御し、皇太子であったサルマーン・イブン・アブドゥルアズィーズ王子（一九三五年生、在位二〇一五年～）が国王に即位した。サルマーン王子の国王即位は既定路線であったが、重要なのは彼が第二世代、すなわち第三次王国のアブドゥルアズィーズ初代国王の息子世代の中で最後の国王となるだろうという点である。

一九五三年のアブドゥルアズィーズ国王の崩御以降、歴代の国王には彼の息子たちが即位してきた。しかし、第二世代の間で高齢化が進んでいることから、近年では第三世代の有力王族の存在が議論の争点となっている。サルマーン国王の新体制下で台頭する第三世代の王子は誰か、新たに王位継承ラインに参入してくる王子は誰かを中心に、新しい人事がサウジアラビア社会で話題となった。

この話題をさらったのが、サルマーン国王の息子であるムハンマド・イブン・サルマーン王子（一九八五年生）である。二〇一四年に国務大臣として初めて閣僚に就任した彼は、サルマーン国王の即位に伴い国防大臣に就任し、二〇一五年三月にはじまったイエメンへの空爆作戦の指揮にあたった。また同時期に彼は副皇太子に任命され、三〇歳台前半の若さで王位継承ラインに参入した。そして二〇一七年六月、皇太子であったムハンマド・イブン・ナーイフ王子（一九五九年生）が解任され、彼に代わってムハンマド副皇太子が皇太子に昇格し、事実上の次期国王の座についた。

二〇一七年八月にムハンマド皇太子が訪日した際、日本のメディアは彼について「サウジアラビア王室の若き後継者」、「サウジアラビアの影の権力者」といった表現で紹介した。「影の権力者」という表現はサウジアラビア政府、とりわけサルマーン国王への配慮を欠いたものと感じられたが、同国王が高齢で、彼の子息が皇太子、第一副首相、国防大臣、経済開発評議会議長といった様々な要職を兼任している状況下、様々な憶測が生まれたのは仕方がない。

「サウジ・ヴィジョン二〇三〇」

二〇一六年四月、サウジアラビア政府は同国の発展・改革案として「サウジ・ヴィジョン二〇三〇」を発表した。これは第一に、石油輸出に依存した国家財政の経営改革を目指したもので、主導するのは経済開発評議会議長として国家の経済政策の舵取りを担うムハンマド皇太子である。「サウジ・ヴィジョン二〇三〇」と連動して、政府は省庁再編やこれに伴う大規模な人事異動を行い、その結果としてムハンマド皇太子への権力集中が加速した。

その後「サウジ・ヴィジョン二〇三〇」は、財政改革に限らない展開を見せ始める。先述した女性の自動車運転や映画館の開業の他、女性のフィットネス・ジムの利用や音楽コンサート、さらにコミック・コンテストなどが実施された。そして、これら新しい娯楽イベントを取りまとめるための政府機関として「娯楽庁」が新設された。

アブドゥッラー前国王の治世下、サウジアラビアでは女性の諮問評議会議員の任命や地方評議会での参政権獲得、また世界最大規模のキャンパスを誇る女子大学の設立など、女性のエンパワーメントを中心にこれまでの保守的な社会のあり方を変える動きが見られた。この点、サルマーン国王の新体制で進められる以上の政策は、前国王の治世からの改革の流れと見ることが可能である。一方、アブドゥッラー前国王が自身の子息に多くの要職を与えず、王族兄弟間の権力配分に慎重であったのに対し、サルマーン国王体制下で進められる改革は、息子のムハンマド皇太子にあらゆる「見せ場」を与えているようにも映る。とりわけ女性や若年層をターゲットにした政策は海外からも注目や賞賛が寄せられていることから、ムハンマド皇太子をサウジアラビアにおける新しい、開明的なリーダーだと国際社会に印象づけることに、父親であるサルマーン国王が執着しているように思われる。

とはいえ、この状況を単純に、年老いた国王の「親バカ」や、若い王子の「スタンドプレー」と片づけてしまうわけにはいかない。そもそも先述したように、サルマーン国王はおそらく第二世代最後となる国王として、人事を中心とした様々な改革に取り組まなければならなかった。したがって、同国王の治世下、サウジアラビア社会にある程度の変化が起こることは想定の範囲であった。この点を考慮すれば、ムハンマド皇太子への権力集中や彼が主導する「サウジ・ヴィジョン二〇三〇」の余波は、今日のサウジアラビアが国家として直面している試練と捉えられなくもない。

新体制下の勧善懲悪委員会

サルマーン国王については、即位当初、開明の王として評価されたアブドゥッラー前国王とは真逆の保守的な人物との評価が散見された。実際、アブドゥッラー国王の意向に沿って女子生徒のカリキュラムへの体育導入を訴えていたファーイズ教育副大臣が解任されるなど、前体制の政策を否定するともとれる向きが見られた。

勧善懲悪委員会に関しては、サルマーン国王即位の二日後、イブン・アブドゥルアズィーズ長官の解任が発表された。後任は、イマーム大学で比較法学の分野で博士号を取得し、教鞭を執った経験もあるアブドゥッラフマーン・イブン・アブドゥッラー・サナド長官である。イブン・アブドゥルアズィーズ長官の解任の理由については明らかでないが、勧善懲悪委員会の改革を掲げ、「中庸」、「穏健」との評価を得ていた彼の解任は、新体制の方向性を保守的と判断する材料として国内に強いインパクトを与えた。

しかしそのかたわら、政府は先述した「サウジ・ヴィジョン二〇三〇」のようなリベラルとされる政策を進めている。二〇一六年四月、勧善懲悪委員会は逮捕権を正式に剝奪され、パトロールを含む捜査活動が大幅に制限されることが政府より発表された。これは「サウジ・ヴィジョン二〇三〇」の発表前のタイミングであり、その後に進める社会改革に向けて、社会の変化を妨げうる勧善懲悪委員会に対して強い牽制を行ったと判断できよう。以降、勧善懲悪委員会のメンバーがパトロールをする姿は市中で以前ほど見られなくなったといわれる。

解任により、イブン・アブドゥルアズィーズ長官の勧善懲悪委員会の改革は道半ばで止まってしまった。とくに在任中、繰り返し掲げられた女性職員の採用については、二〇一三年二月に女性のパトロールチームが試験的に設けられたものの、ついには実現しなかった。先述したように、女性による女性への取り締まりの実施は、実現していれば政府の促進する女性の就職率向上と、同長官が目指すヒスバの強化を同時に果たすことができたかもしれないが、統治王族内の世代交代に端を発した、政府が直面している変化の余波を受ける形でイブン・アブドゥルアズィーズ長官の悲願の夢は断たれたのである。なお長官は、二〇一八年六月の国王令による省庁再編を受けて、イスラーム問題・宣教・善導大臣に任命された。同省はモスクの礼拝指導者の人事権を有する他、国内のイスラーム教育における教科書の検閲をはじめとした様々な宗教政策を取り仕切っており、「中庸」、「穏健」と評されたイブン・アブドゥルアズィーズの行政手腕が別の機関で試される機会が訪れたといえよう。

勧善懲悪委員会という注目を集めやすい公的機関なだけに、長官の交代については国内メディアで大々的に報じられた。しかし二〇一二年の長官交代の時と比べると、これから勧善懲悪委員会がどうなるのか、若年層や女性の意向を考慮した措置を新しい長官はとるのかといった議論は目立っていない。パトロールが制限されたこともあり、勧善懲悪委員会がメディアを賑わす機会も着実に減っている。現在、サウジアラビア社会にムハンマド皇太子の主導によってドラスティックな変化を歓迎するムードが醸成されていることから、勧善懲悪委員会はもはやサウジアラビア社会の伝統と近代の緊張を映す鏡とはならず、今後は一種の象徴に過ぎない存在になるのかもしれない。あるいは、そうした変化のムードが頓挫した時、社会全体が再び保守への揺り返しに直面する可能性もあるが、それはもう少し先の話であろう。

写真3-8　街中に掲げられた勧善懲悪委員会の看板。「どこにいても神を畏れよ」と書かれている

第4章

「イスラーム国」のヒスバ庁

写真4-1　シリア北東部の都市ラッカで焼きたてのパンを買いに並ぶ人々（2008年10月）。この約5年後、町は武装組織の支配下に置かれる

1 「イスラーム国」のルーツ

本章では、「イスラーム国」における宗教警察について述べていきたい。「イスラーム国」は二〇一四年六月の建国宣言以降、イラク・シリアの両国北部を支配領域とした、イスラーム・スンナ派を信仰する武装組織である。前身を「イラクとシャームのイスラーム国」といい、建国宣言以降はより短く、おそらくは普遍性を持たせる意味も込めて「イスラーム国」と名乗ってきた。

世界中のメディアを連日賑わした「イスラーム国」については、中東地域やイスラームに詳しいわけでなくても、どんな組織なのか、首領であるアブー・バクル・バグダーディーとはどんな人物かについては知っているという人も多いのではないだろうか。一方、彼らの支配地域での統治を「野蛮」、「残酷」、「前時代的」といった観点以外で評価できる人がどれほどいるだろう。もちろんこの評価とは、「イスラーム国」の存在や活動を好意的に受け止めるという意味ではない。そうではなく、ともすれば「野蛮」、「残酷」、「前時代的」といった表現で片づけられてしまう彼らの統治方法から、いかに彼らの正確な行動原理を洞察できるか、そのためのアプローチを見出すことができるかどうかということである。まずはごく簡単に、「イスラーム国」が何者で、どのように誕生、成長してきたのかについて整理したい。

アルカーイダのスピンアウトとして

「イスラーム国」の組織としての源流は、「ジャマーア・タウヒード・ワ・ジハード（一神論とジハード団）」とされる。これは反米行動を中心に世界中で武装活動を展開している「アルカーイダ」傘下の小さな組織で、指示を出していたのはアブー・ムスアブ・ザルカーウィー（一九六六〜二〇〇六年）という人物である。「イスラーム国」のルーツを探る上で、まずは彼について簡単に紹介しておきたい。

ザルカーウィーは一九六六年、ヨルダンの首都アンマンの郊外にあるザルカーという町で生まれた。若い頃は酒飲みで素行が悪く、文字の読み書きができない上に体には多くの刺青が彫ってあったというザルカーウィーは、更生を願った母親によって入れられたアンマンにある宗教学校でイスラームについて学んだ。そしてそこで、これまでの不徳を塗り隠すかのようにあつい信仰心に目覚めた。

彼はその信仰心を、パレスチナ難民問題をはじめとして、世界中でムスリムが見舞われている不幸に対する怒りへと向け、とくにアメリカ政府との友好的な関係を維持する自国ヨルダンの王室に対する不満を募らせた。タイミングよくそのはけ口となったのが、一九七九年にはじまったソ連によるアフガニスタン侵攻である。一九八九年にザルカーウィーは義勇兵となって

写真4-2　イラクで過激主義組織の黒幕として活動していた頃のザルカーウィー（出典 ムジャーヒディーン諮問評議会〔後述〕が配信した動画）

ソ連と戦うためにアフガニスタンに渡航した。そしてそこで、同じく義勇兵としてアフガニスタンに渡航してきたサウジアラビア出身のウサーマ・ビン・ラーディン（一九五七～二〇一一年）と出会った。

ただし、ザルカーウィーがアフガニスタンに渡った一九八九年というのは、ソ連がアフガニスタンから撤退したタイミングである。この点、彼がはたしてソ連と戦うことを目的に渡航したのか、義勇兵となることが目的だったのかどうかは不明である。実際のところ、アフガニスタンに着いて間もなく、粗野で横柄な態度をとり、誇るような学歴も持ち合わせていなかったザルカーウィーに対して、ビン・ラーディンは仲間に加えるメリットがない人物との評価を下したとされる。武器の使用経験にも乏しかったため、ザルカーウィーの当面の仕事は雑誌の編集という地味なものであった。

その後、ザルカーウィーは一九九三年にヨルダンに一時帰国した際、爆破事件を企てた容疑でヨルダン当局に拘束される。懲役は一五年であったとされるが、一九九九年に現在のヨルダン国王、アブドゥッラー二世（一九六二年生、在位一九九九年～）が即位した際の大規模な恩赦によって釈放された。

六年の受刑生活を終えたザルカーウィーは再びアフガニスタンに戻るが、ここで彼の人生にとっての大きな転機が訪れた。二〇〇一年の九・一一事件への報復として、アメリカがアルカーイダを庇護していたアフガニスタン（ターリバーン政権）への空爆を開始したのである。これを受けてアルカーイダがアフガニスタンから撤退せざるをえなくなった時、ザルカーウィーは同組織のイラクへの移転に貢献し、組織内でのプレゼンスを高めることができた。

イラク戦争を経て

二〇〇三年三月、イラクのサッダーム・フセイン政権が大量破壊兵器を保有していると非難したアメリカが、イラクへの大規模な侵攻を開始した（イラク戦争）。これによって翌月にフセイン政権は崩壊したが、その後のアメリカ主導による占領統治下で、アメリカの駐留軍やイラク暫定政権に対する爆破攻撃が頻発し、イラク国内は政情不安に陥った。

これに乗じて、ザルカーウィーと彼の組織はイラクにおけるアルカーイダの支部のような存在として、先述した「一神論とジハード団」の名のもとで武装行動を活発化させた。国連本部への攻撃による外国人の殺害や、ナジャフのモスク、聖廟の襲撃による宗教指導者の殺害（二〇〇三年八月、二〇〇四年三月）、また米国人と日本人の斬首（二〇〇四年一〇月）などはまだ記憶に新しい。こうした実績を背景に、二〇〇四年一〇月、ビン・ラーディンはかつて同志として高くは評価していなかったザルカーウィーからの忠誠を受け入れ、これをもってザルカーウィーの活動はいわゆるアルカーイダの名義として展開されることになった。

この時期、ザルカーウィーは組織の名称を「一神論とジハード団」から、イラクの風土をより意識して、ティグリス河とユーフラテス河に因んだ「二大河の国のアルカーイダ」に改めたが、組織の拡大を目論み、二〇〇六年一月にはイラクの様々なムスリムの武装集団を「ムジャーヒディーン諮問評議会」としてひとまとめにした。こうしてザルカーウィーは、イラクにおけるムスリム武装集団の黒幕といえる存在となった。

しかしそんな矢先、二〇〇六年六月にザルカーウィーはアメリカ軍の爆撃によって死亡した。イラクのヌーリー・マーリキー首相（一九五〇年生、在任二〇〇六〜二〇一四年）とアメリカのジョージ・W・ブッシュ大統領は、いずれもザルカーウィーの死亡を喜び、勝利宣言を行った。同年一〇月、ムジャーヒディーン諮問評議会は「イラクのイスラーム国」と名称を変えたが、次第にメンバーは烏合離散し、イラク国内での存在感を急速に弱めた。メンバーは金銭的な余裕のなさから誘拐ビジネスや自動車盗難をはたらき、その結果、かつては「イラクのイスラーム国」を占領者であるアメリカやその傀儡であるイラク政府と戦う義賊のように見ていた住民も、彼らの存在を疎ましく思い始めた。

さらにこの時期、地元住民は武装勢力から身を守るための武器や資金をアメリカ軍から与えられた。いずれも武装組織が支給するものよりも高性能・高額であったため、「イラクのイスラーム国」の求心力はますます弱まった。

このように、イラク戦争後にアメリカの後ろ盾によって成立したイラク政府は、ザルカーウィーの一味との戦いを進める中で、アメリカ軍から武器を支給された地元スンナ派住民と協力してきた。しかしながら「イラクのイスラーム国」の弱体化によってそうした協力関係も必要なくなり、シーア派偏重の傀儡政権の基盤を強化する中でスンナ派住民を切り捨て始めた。武器を持ったまま野に放たれたスンナ派住民は、当然政府に対する強い不満を抱いた。

こうした「イラクのイスラーム国」の弱体化とスンナ派住民の不満を背景に、二〇一一年以降、隣国シリアが政情不安に陥ったことに乗じて急速に力をつけた人物が現れた。後に「イスラーム国」の首領として世界中に知られるアブー・バクル・バグダーディーである。

シリア戦争を経て

武装組織「イラクのイスラーム国」は、指導者を「信徒の長」（アミールルムウミニーン）と呼んでいた点で興味深い組織である。というのも、後述するように「信徒の長」とはカリフに対する尊称であり、つまり「イスラーム国」がこの約八年後にカリフ制の再興を宣言する兆候がこの時点で見られたことを示すからである。実際のところ、「イラクのイスラーム国」は当初より議会や省庁を設け、メンバーにとって同組織は一つの国として機能していた。この舵取りを二〇一〇年五月以降、行っていたのがアブー・バクル・バグダーディー（一九七一年〜）

である。バグダーディーはイラクの首都バグダードの北西、ティグリス河に面した町サーマッラーで生まれ、宗教とサッカー、そして祖国を愛する普通の青年として控えめな暮らしをしていたとされる。二〇〇三年、イラク戦争がはじまる頃にはフセイン政権の母体であったバアス党に所属していたともいわれるが、アメリカのイラク占領後はアメリカ軍と戦う武装勢力に身を移し、二〇〇四年には逮捕・収監されている。その後、バグダーディーは「イラクのイスラーム国」に加わり、二〇一〇年に同組織の新しい指導者に選ばれた。

この時期、「イラクのイスラーム国」にとって重要な転機が訪れる。二〇一一年以降、中東諸国における民主化要求運動「アラブの春」の影響で隣国シリアの国内各地で大規模なデモが起こり、それは間もなくして政府軍と反体制勢力との武力衝突に発展した。これに乗じて、同組織は主戦場をシリアに移した。

「イラクのイスラーム国」にとってのシリア進出は、まずもって劣勢となったイラクから避難する意図があった。しかしシリアは単なる陸続きの場所というだけでなく、同組織にとっては武器と実績を蓄えるのに好都合な場所でもあった。そもそもアフガニスタンやイラクで武装活動を行っていたアルカーイダ傘下のメンバーには、シリア出身の過激主義者がいた。彼らは、一九六〇年代から八〇年代にバアス党と戦い、敗れ、アフガニスタンに身を隠していたムスリム同胞団傘下の戦闘員である。彼らにとって、「アラブの春」によるシリアの混乱とそれに乗じたシリアへの帰還は、バアス党政権との戦いにおけるまたとない捲土重来の機会といえた。

さらに、国際社会が反体制勢力の活動を支持する中、イラクでは政府に逆らう「テロリスト」であった「イラクのイスラーム国」のメンバーが、シリアでは独裁政権に立ち向かう「正義の味方」として、与党バアス党の転覆を願う域内諸国から武器や資金を提供された。イラクで経験を積んでいた戦闘員らは、瞬く間にシリアにおける「反体制勢力」の主役となった。

こうしてイラクとシリアの両北部で回廊を確立した「イラクのイスラーム国」は、二〇一三年四月に「イラクとシャームのイスラーム国」と名を改めた。「シャーム」とはシリア、レバノン、イスラエル、パレスチナを中心とした一帯を指す言葉であるが、「歴史的シリア」、「大シリア」ともいわれ、現在ではシリアの首都ダマスカスを指す場合もある。単なる「イラクのイスラーム国」から「イラクとシャームのイスラーム国」への名称変更は、組織の活動地域にシリアが加わったことを強烈にアピールしていた。そして二〇一四年六月、シリアで蓄えた力を持ち込んだ彼らはイラク北部に攻勢を仕掛け、「イスラーム国」と名を改めたのである。

2 カリフ制

武装組織が実効支配領域を持つこと自体はそう珍しいわけでもなく、ムスリム武装集団も世界にそれなりの数が存在する。にもかかわらず「イスラーム国」が稀有な存在として注目を浴びた理由は、一つにイラクとシリアを舞台としたことが挙げられよう。イラクは二〇〇三年に占領統治を敷いたアメリカ主導の連合国が民主化の実験を試みていた舞台である。シリアはというと、政府軍と国内外の武装集団との戦争が激化し、「アラブの春」の最後の砦ともいわれた。つまりシリア・イラクにおける「イスラーム国」の登場は、イラクの民主化とシリアの「アラブの春」、これら二つの「乗っ取り」といえた。

もう一つ、「イスラーム国」が注目を浴びた理由として、同組織が「カリフ制」と呼ばれる統治体制を敷いたことが挙げられる。カリフ制とは、手っ取り早くいえば「カリフ」という、全ムスリムにとっての唯一の指導者を擁立し、その人物の下で統治体制を確立するイスラーム・スンナ派の政治体制である。カリフ制を一種の理想として礼賛する集団や個人はいても、支配領域の確立とともに現実にカリフ擁立に踏み切った点で、「イスラーム国」は他のムスリム武装組織とは異なる存在となった。では、なぜそのカリフ制が重要なのか。

カリフとは

カリフはアラビア語で「ハリーファ」といい、字義通りには「後継者」や「代理人」を意味する。しかしカリフ制（アラビア語で「ヒラーファ」）といった場合、カリフが指すのは預言者ムハンマドの正統なる後継者である。マディーナを中心にアラビア半島西部にイスラーム共同体を築いたムハンマドが六三二年に没し、彼の後を継いだアブー・バクル（五七三〜六三四年、在任六三二〜六三四年）は「ハリーファ・ラスールッラー」、すなわち「アッラーの使徒（ムハンマドを指す）の後継者」との尊称で呼ばれた。

彼を初代のカリフとして、イスラーム・スンナ派では、四人の「正統カリフ」が存在する。アブー・バクル、彼の後を継いだ第二代のウマル（五八四〜六四四年、在任六三四〜六四四年）、第三代のウスマーン（五七九〜六五六年、在任六四四〜六五六年）、第四代のアリー（六〇一〜六六一年、在任六五六〜六六一年）である。ウマルはアブー・バクルの後継者として「ハリーファ・ハリーファ・ラスールッラー」（アッラーの使徒の後継者の後継者）とも呼ばれたが、冗長なこともあり、彼以降のカリフの尊称としては「アミールルムウミニーン」（信徒の長）が定着した。「イスラーム国」による声明などでは、バグダーディーに対して「カリフ」と「アミールルムウミニーン」の双方が用いられた。

ところで、イスラームにおいて預言者ムハンマドは無誤謬な存在である。しかし初代カリフのアブー・バクルはカリフ就任の際、次のように述べている。

人々よ。私はあなたがたの中で最良の者であるからといって、あなたがたの上に立つわけではない。それゆえ私が正しければ私を助け、私が誤りを犯せば私を正してください。まことに信義こそ安全であり、虚言は裏切りである。

この発言は、カリフに選ばれた人物だからといって無誤謬な存在ではないことを意味している。カリフとは預言者ムハンマドの後継者ではあるが、預言者として神の啓示を受けるわけではなく、誤りを犯すこともある。

なおイスラーム・シーア派では、先述の第四代カリフのアリーが本来であればムハンマドの後継者としてただちに選ばれるべきところを、他の三人と彼らの家族の奸計によって妨害されたと考える。このため四人の正統カリフという発想自体がない（代わりにアリーをムハンマドの後継者としての最初の指導者〔イマーム〕とする）。

正統カリフの後、カリフ位はウマイヤ朝、アッバース朝、後ウマイヤ朝、ファーティマ朝、そしてオスマン朝といったムスリム王朝の君主によって、彼らの権威や威光を示すために僭称されてきた。これらの王朝において、カリフ位は事実上の王位として、父から子へと世襲された。最後のカリフ王朝であったオスマン朝は、政治権威としてのスルタン位と宗教権威としてのカリフ位を指導者が兼任することで成り立っていたが、その王政が一九二二年に廃止され、二年後にはカリフ位も正式に廃止された。

カリフ誕生の意味

こうした歴史を踏まえ、「イスラーム国」によるカリフ制の設立は、オスマン朝の崩壊によって消滅したイスラーム・スンナ派の正統なる政治体制が、この世に復活したことを意味する。加えて、「イスラーム国」が根城としたイラクとシリアが、第一次世界大戦中の一九一六年にイギリス・フランス・ロシアが結んだサイクス・ピコ協定にもとづいて国境が画定した国であることも示唆的である。すなわち、「イスラーム国」の誕生は中東地域における西欧諸国の植民地主義による爪痕を一掃し、これを塗り替えるという意味を持った。国境の撤廃は、敷衍すれば一七世紀以来の西欧による国民国家、主権国家による世界秩序（ウエストファリア体制）への挑戦ともいえた。

視点を今の時代に戻そう。カリフは預言者ムハンマドの後継者として、すべてのムスリムの指導者となる存在である。この点において、カリフを僭称した「イスラーム国」の首領アブー・バクル・バグダーディーは、ムスリムと非ムスリムの二方向から敵意を向けられた。

まずムスリムからの敵意について、唯一なる指導者であるカリフが誕生すれば、現在世界でムスリムを支配する各国の政治的な指導者は、少なくとも理念上は不必要な存在となる。それどころか、これまで国王や大統領としてムスリムを支配してきた為政者が、国民国家・主権国家体制という西欧由来の世俗の政体のもとで権威づけられた存在であること、つまり非イスラーム的な権威である事実がいやがおうにも浮かび上がる。事実、「イスラーム国」は建国当初より、多くの周辺イスラーム諸国を偽りのイスラーム国家として批判した。このため、あらゆるイスラーム諸国の為政者にとって、カリフの誕生は自分たちの権威や正当性を否定する事態といえた。

また非ムスリムからの敵意について、欧米や日本のメディアでカリフは国境を越えた権能を持つ宗教指導者のごとく報じられた。国境を無視した宗教権威という、二重の意味で近代的価値観とは相容れないカリフは、神話かなにかの世界から現れた異形の者として扱われた。アメリカでは、「イスラーム国」の戦闘員と戦うためにラード（豚脂）がコーティングされた銃弾を発売した会社が現れた。西洋では吸血鬼や狼男を倒すのに銀製の銃弾を使うという伝承があるが、イスラームでは豚がタブーだからラードを塗った弾を喰らわせるのが良いだろうという発想は、もし本気だとしたら、まさに「イスラーム国」の人々を怪物かなにかと思っていたのだろう。

バグダーディーのカリフ僭称を脅威と感じた国際社会は、二〇一四年九月にアメリカ主導の有志国連合による空爆作戦が開始されるまでの間、ひとまずはバグダーディーの名声を貶《おとし》めるなど、あの手この手で「イスラーム国」の勢力を削ぐことに努めた。たとえばバグダーディーのカリフ就任演説の映像から、彼が高級なロレックス社の腕時計を身につけているといった報道が見られた。これはバグダーディーが清貧とはほど遠い、成金趣味の西洋かぶれの人物だと思わせることで、非ムスリムが抱く彼への脅威をやわらげつつ、ムスリムが彼に抱きうる畏怖の念を打ち消そうとしたものであろう。同様の目的で、他にもバグダーディーが酒飲みの不良だった、ネットに出ている彼の学歴はすべて嘘だといった、彼個人に対する誹謗中傷がインターネット上では散見された。

写真4-3　モースルでカリフ就任演説を行うバグダーディー（出典「イスラーム国」が配信した動画）

カリフ制の戦略的意味

こうしたネガティブ・キャンペーンを通じて、国際社会はバグダーディーを「偽のカリフ」だと貶めてきた。これを続ければ、「信じていた教祖様が実はとんでもない人物だった！」と憤慨して、「イスラーム国」のメンバーがバラバラになるかもしれないと期待していたのだろう。

しかしながら、この取り組みにはたしてどれほどの効果があったのだろうか。そもそも、「イスラーム国」の求心力の中心はバグダーディーだったのだろうか。もしバグダーディーが西洋のブランド品や酒を好む人物であったと判明したら「イスラーム国」はただちに崩壊したというのか。

答えは否である。もしバグダーディーがネガティブ・キャンペーン通りの人物か、あるいはカリフとしてムスリムを導くに足らない人物だとしたら、カリフを解任されるだけである。先述した初代カリフ、アブー・バクルがカリフ就任の際、自身を誤りを犯しうる存在だと示唆したように、バグダーディーもまた誤りから免れる人間ではない。バグダーディーは、アブー・バクルがカリフ就任で話した演説内容とほぼ同じ内容を自身のカリフ就任の際にモースルで述べているが、これは初代カリフになぞって自身の権威づけを行おうとする意図に加え、イスラーム・スンナ派の伝統的なカリフ理解を踏襲していることをアピールする意図もあったと思われる。

宗教的威光をまとった指導者というと、西洋政治学を背景とした一般的な見方では、カリフとはまるで神権政治の象徴に思えるだろう。しかし実際のところ、カリフとは人々の合意によって選ばれ、同様に解任される、民主的な指導者といって良い存在である。そのため、極端な話をすれば、バグダーディーが本物のカリフかどうかといった議論に大きな意味はない。そもそも、四人の正統とされるカリフの後に現れた歴史上のカリフについて、はたして本物のカリフだったかどうかと問うこと自体がナンセンスであろう。

その点において、重要なのはカリフよりもむしろカリフ制である。「イスラーム国」の建国宣言以降、多くのスンナ派ムスリムがカリフを僭称したバグダーディーを批判する一方で、カリフ制に対しては口をつぐんでいた。皆、本来であればそれがイスラーム的に正しい政治体制であることを知っているからである。このため、カリフ制についてはさておき、バグダーディーがカリフというのは駄目というのが、ムスリム諸国の間に見られた「イスラーム国」に対する一般的な立場であったように思われる。

図4-1　「イスラーム国」が作成した、中央アジアから西アフリカ、一部ヨーロッパに及ぶ支配構想の地図。各地域が現在の国境ではなく、同組織の考える「州」（後述）によって区画されている（出典 同組織が配信した動画）

　こうした事情から、「イスラーム国」の側もバグダーディー個人のカリスマ性をことさら喧伝するようなことはしなかった。バグダーディーとは何者かと騒ぎ、情報を拡散していたのはむしろ国際社会の側である。もちろん、「イスラーム国」にとってバグダーディーの動向などを逐一伝えるのは彼の身の安全を確保する上で不利となるからということもあるだろう。しかしそれ以上に、「イスラーム国」にとっては、バグダーディがいかに素晴らしい人物かより、カリフ制が再興されたことで社会がいかに生まれ変わるのかを世界中のムスリムにアピールすることが重要だったと考えられる。イスラームにのっとった、正しい社会を作り上げることができれば、カリフ制の意義や効果を世界に知らしめることができ、ひいてはカリフ制を再興した「イスラーム国」の正当性も揺るぎないものとなるというわけだ。

3 「イスラーム国」とヒスバ

カリフ制を敷いたからこそなしえる、イスラームにのっとった社会統治を実現する方法として、「イスラーム国」が採用したのがヒスバである。建国前後より、イラク・シリア両国北部の主要都市で「イスラーム国」は宗教警察による風紀取り締まりを実行した。世界中のメディアはこれについて、「テロリストによる厳格な統治」と「暴力による統治に怯える住民」の二つの構図を用いて報じてきた。「イスラーム国」を「テロリスト」と捉え、彼らによる統治を「厳格」で「残忍」と捉えるだけの論調は、当然その「厳格」さや「残忍」さの中にいかなる正義も見出そうとしない。正義といえば聞こえが良すぎるため、理屈や行動原理と言い換えよう。多くのメディアは、「イスラーム国」がただ単に粗野で凶暴な集団であるから、こうした「厳格」で「残忍」な統治を行うのだと述べてきた。あるいは「厳格」さや「残忍」さを見せつけることで彼らは自分たちの力を示そうとしているのだと説明された。

しかしながら、これらは説明者の感情が投影された見解に過ぎない。言い換えれば、「イスラーム国」と「イスラーム国」を敵視する自分との関係の中でしか「イスラーム国」を見ていない。これに対して、ここではなぜ「イスラーム国」が「厳格」で「残忍」な統治を試みたのか、そのことが「イスラーム国」にとってどのような意味を持っていたのかに注目する。「イスラーム国」後のイラク・シリアの復興を見据えるのは時期尚早であるが、「イスラーム国」の統治がいかなる意味を持っていたのかを考えることは日本を含む国際社会にとって決して無益ではなく、むしろ不可欠だと筆者は考えている。

組織としての「イスラーム国」

「イスラーム国」の統治ははたしてどれほど統一、制度化されていたのか。二〇一四年六月の建国宣言以降、勢力を強めるにつれ、「イスラーム国」は各地域を「州（wilāya）」という単位で呼び始めた。実行支配していたイラク・シリアの両国北部に限らず、エジプトのシナイ半島を「シナイ州」、リビア東部を「バルカ州」と呼んだりといった具合である。これらはあたかも、「イスラーム国」がイラク・シリア両北部からその支配地域を広めているかのような印象を世界に与え、メディアもそのように報じていた向きがある。

確かに、「シナイ州」や「バルカ州」に該当する地域では「イスラーム国」名義での武装活動が行われてきた。しかしこうした現象は、イラク・シリアの「イスラーム国」が各「州」の武装勢力に人材や物資を送り、行動の指揮を執るといった関係があったことを必ずしも意味しない。

この点について、アルカーイダをはじめとするムスリムの武装勢力の系譜や活動の分析を続

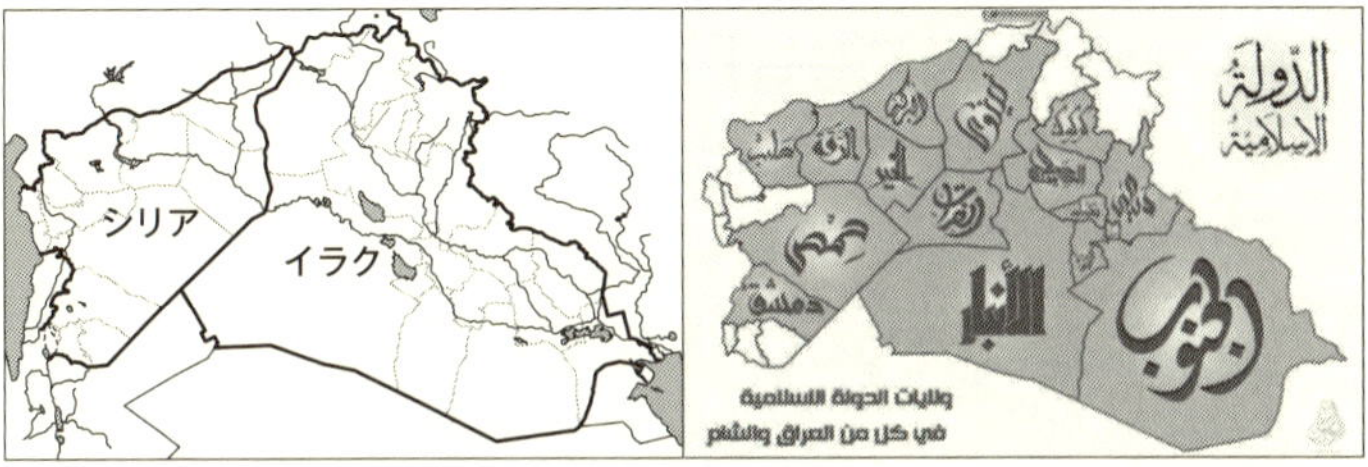

図4-2　イラク・シリアの地図。左が通常のもの、右が「イスラーム国」の「州」で分割したもの（右の地図の出典 同組織が配信した動画）

けている保坂修司の指摘は重要である。保坂によれば、二〇〇一年のアメリカによるアフガニスタン空爆でアルカーイダが四散して以降、世界各地で起こった「テロ」がアルカーイダ（系組織）による犯行とされ、あたかもアルカーイダが世界各地に広がっているかのように伝えられるが、実際は自称アルカーイダ、あるいは既存の武装勢力がアルカーイダに忠誠を誓ったに過ぎない。「イスラーム国」の場合も同様で、現実には、「イスラーム国」が「州」とする地域で、彼らに忠誠を誓った別の武装組織が活動を起こしている。先述のシナイ州なら「アンサール・バイトルマクディス」、バルカ州なら「イスラーム青年諮問評議会」といった既存の組織があり、実際に活動しているのは彼らである。これは「イスラーム国」と既存の武装勢力の双方が納得した上での「名義貸し」のようなものである。「イスラーム国」からすれば、各地の武装組織が自分たちの名前を使って行動を起こすことは、自分たちの求心力を世界に対して誇示する機会となるし、各地の武装組織からすれば、「イスラーム国」の名前を用いることは自分たちへの権威づけとなる。

写真4-4　爆弾を使って墓廟を破壊する様子（出典「イスラーム国」が配信した動画）

こうした関係を踏まえ、イラク・シリアにおける「イスラーム国」の体制と、これら以外の各「州」の体制は同じではない。同様に、イラク・シリアにおける風紀取り締まりと、各「州」における風紀取り締まりも決して同じではなかった。この前提に立った上で、まずは「イスラーム国」にとってなにがヒスバだったのかを、「イスラーム国」が発信してきた情報の中で「ヒスバ」という語が確認できるものを集めることで整理したい。

墓廟破壊という狼煙

二〇一四年七月以降、「イスラーム国」が不定期に発行してきた機関誌『ダービク（*Dābiq*）』を見てみると、同月に発行された同誌第一号では、「イスラーム国における宣教とヒスバ」と題された特集が掲載されている。そこでは「様々なヒスバ」というタイトルで、クルアーン朗誦の授業、教義に関する本の配布、バイア（忠誠の誓いの儀式）の様子、聖者廟の破壊、煙草の焼却、集団での懺悔会などが紹介されている。

これらを見ると「イスラーム国」が、様々な活動をヒスバの名の下で行っていたことがわかる。この中でも活発に行われたのが、聖者廟を中心とした墓廟の破壊である。初期イスラームのあり方を重んじる厳格な解釈においては、墓石や墓碑を禁じる考えが存在する。歴史上では様々な偉人の墓廟が建てられ、参詣の対象となってきたものの、先述したイブン・タイミーヤや彼の流れを汲むワッハーブ主義、また近現代のサラフィー主義の神学者や法学者は、多神崇拝や異端要素になりうるという観点から墓廟の建立や参詣の慣習を批判してきた。ワッハーブ主義にもとづいたサウジアラビアでも、建国過程の初期、とくに新たな支配地域を獲得した際に墓廟破壊が行われてきた。この点、墓廟の破壊はイスラーム的社会の形成にあたっての、一種の狼煙《のろし》のような性格を持っている。

また『ダービク』第二号では、「ニーナワー州における多神教の破壊」と題して、爆破される墓廟の写真とともに、「『イスラーム国』の兵士が墓の破壊を義務であると人々に説明している」とのキャプションが載っている。二〇一五年七月には、墓廟破壊に関する書『アッラーの預言者たち——彼らに平安あれ——の偽の墓を破壊する正当性についての裁定の言』（al-Dawla al-Islāmiya, *al-Qaul al-faṣl fī mashrūʿīya hadm al-qubūr al-mazʿūma li-anbiyāʾ allāh: ʿalay-him al-salām*, Maktaba al-Himma, 2015, pp. 1-3）が「イスラーム国」より発行された。ここでも墓廟破壊について、次のように述べられている。

（「イスラーム国」に）反対する勢力は、「イスラーム国」が領土内で、墓に付属するドームや建物、史跡や遺跡を破壊したという。これは確かであり、正しい行為である。

al-Dawla al-Islāmiya, *al-Qaul al-faṣl fī mashrūʻīya hadm al-qubūr al-maʻūma li-anbiyāʼ allāh (ʻalay-him al-salām)*, Maktaba al-himma, 2015, pp. 1-3

二〇一四年六月の建国宣言以来、「イスラーム国」はイラク・シリアを中心に、墓廟をはじめとした宗教施設を破壊してきた。破壊対象は「偶像」や「多神教徒（の信仰対象）」と呼ばれ、それらは「アッラーの代わりに信仰されている」、「アッラー以外が崇拝される」場所として、破壊の理由が説明されている。またその後は、先述したように世界各地を州と命名して破壊活動の範囲を拡大した。支配地域とはいえない場所での宗教施設の破壊は、当該地域を領土とする国において「テロ攻撃」と認識され、「イスラーム国」にとってもこれは支配確立のためとはいえない面を持っているが、実行の根拠としてはやはり支配地域と同様の教義的な理由で説明されている。

なお、墓廟破壊が積極的に行われてきたことについては、それが容易であるという点も見逃せない。身一つ、あるいは爆薬や重機を用いるだけで行える墓標の破壊は、若者や外国人のリクルートを行う「イスラーム国」にとって、彼らを「正しいイスラーム」社会の形成の過程で手っ取り早く活用する方法となる。一方で「イスラーム国」に加わった若者や外国人にとって

表4-1　2014年6月〜2015年8月までの間に、「イスラーム国」が発表した同組織による宗教施設の破壊

年	月	日	州	概要
2014	7	5	ニーナワー	イラクの以下のニーナワー県各地で、墓廟や偶像を破壊 クッバ・フサイニーヤ(於モースル)、アフマド・リファーイーの墓(於マフラビーヤ)、ジャウワード・フサイニーヤ(於タル・アファル)
	8	26	バグダード	イラクのディヤーラー県で、ラーフィダの信仰所を破壊(「ラーフィダ」とは、「(正しい教えを)拒んだ者」を意味する、スンナ派によるシーア派への蔑称)
		30	ニーナワー	イラクでヤフヤー・アブー・カースィムの墓を破壊
	12	22	ダマスカス	シリアのダマスカス郊外のビイル・カサブ村で、多神教徒の史跡を破壊
2015	1	26	トリポリ	リビアのトリポリ市で、墓廟と多神教徒の史跡を破壊
	2	15	ラッカ	シリアのラッカ県で、偶像を破壊
	4	4	ディジュラ	偶像を破壊
		11	ニーナワー	イラクで勧善懲悪の一環で古代遺跡を破壊
	5	4	トリポリ	リビアのトリポリ市で、多神教徒の史跡を破壊
		22	ナジュド	サウジアラビアのカティーフ県でラーフィダの信仰所を破壊(自爆攻撃)
	6	17	サナア	イエメンのサナア市で、多神教徒のフースィー派の信仰所を破壊
		20	サナア	イエメンのサナア市で、多神教徒であるラーフィダの信仰所を破壊
		22	ヒムス	シリアのパルミラ市で、多神教徒の史跡を破壊
		26	ナジュド	クウェートで、多神教徒であるラーフィダの信仰所を破壊(自爆攻撃)
	7	7	サナア	イエメンのサナア市で、フースィーの多神教徒の信仰所を破壊(自爆攻撃)
		29	サナア	イエメンのサナア市で、イスマーイール派の信仰所を破壊(自爆攻撃)
	8	8	ファルージャ	イラクのファルージャ市で、アッラーの代わりに信仰されている墓廟を破壊
		21	ダマスカス	シリアのカルヤタイン市で、アッラー以外が崇拝される場所であるシリア典礼カトリック教会・聖エリアン修道院を破壊
		25	ヒムス	シリアのパルミラ市で、偶像崇拝者の信仰所であるバアルシャミーン神殿(墓廟含む)を破壊

[出典]インターネット上の発表を元に筆者作成
「州(wilāya)」はISによる命名

は、容易に「正しいイスラーム」を実践し、自らのムスリム、あるいは「イスラーム国」の一員としての自覚を育むための行為となりうる。

宗教警察の誕生

墓廟破壊は、イスラームにのっとった社会を作るための地ならし、いわばインフラ整備のようなものであった。であるならばその後、具体的な社会形成としての風紀取り締まりがはじまることになる。実際、宗教警察と呼ばれる組織がインターネット上に姿を現したのもこのタイミングであった。

「イスラーム国」の宗教警察は、メディアにおいて実に様々な呼ばれ方をしてきた。アラビア語なら「shurṭa dīnīya（宗教警察）」や「shurṭa islāmīya（イスラーム警察）」、英語なら「religious police（宗教警察）」、「religious police force（宗教警察部隊）」、「jihadist police（ジハード主義者警察）」、あるいは「IS police（イスラーム国警察）」などである。

「イスラーム国」で取り締まりを行うパトロール車の写真を見ると、車には「ヒスバ」としか書かれていないことが多い。「ヒスバ庁（dīwān al-ḥisba）」との表記も確認できるが、統一はされていない。多くの場合、「イスラーム国」側は宗教警察を単に「ヒスバ」と呼んでいたが、本書ではイスラーム法学用語としてのヒスバと区別する意図も込めて、宗教警察に対して「ヒスバ庁」との呼称を用いたい。

「イスラーム国」の体制において、ヒスバ庁は組織上、司法機関の一部といわれてきた。そのため彼らは取り締まり、裁判、刑の執行という一連の流れに関与してきた。この様子が、「イスラーム国」が発行するいくつかの広報資料を通して紹介されている。たとえば、二〇一四年一二月以降に発行された映像作品シリーズ『ヒスバの男たち（*Rijāl al-Ḥisba*）』がある。同月発行の第一作では、シリアにおける「イスラーム国」の牙城とされた北東部ラッカ県の県都ラッカを舞台に、煙草、マリファナ、コカイン、ウイスキー、賞味期限切れの飲食物を押収・破壊する様子が映し出される。

写真4-5　押収した煙草をひとまとめにするヒスバ警察（出典「イスラーム国」が配信した動画）

また二〇一五年一月に発行された『ヒスバの男たち』第二作では、同じくラッカを舞台に、複数の男性が呪術師の男性宅を捜索し、トランプ、呪符、香料を押収し、彼を連行する様子が映し出される。イスラームにおいて呪術は、神以外の存在に助けを求める行為として忌避されるのが通常である。連行された呪術師は町の目抜き通りに移動し、そこで目隠しのまま跪《ひざまず》く。そして拡声器で彼らの氏名や罪状（「呪術師」）、刑罰（「剣による斬首」）

が読み上げられ、同刑が執行される。以上の映像では、ヒスバ庁と書かれた車両やイスラーム法裁判所が登場し、ヒスバが組織的に取り組まれている様子がうかがえる。

取り締まりに参加する市民

ところで、支配地域で行われる風紀取り締まりには、一般市民と思われる人々が参加している様子も見られる。とくに先述した煙草や賞味期限切れの商品の押収や焼却には、一〇代と思われる子供や初老の人が登場している。この点については、墓廟破壊の場合と同様に、比較的容易な活動に「素人」を参加させて、彼らを社会の風紀形成・維持に貢献させることで、将来の戦闘員、あるいは「正しいイスラーム」社会の一員としての自覚を育む意義があったのだと思われる。

印象的なのは、こうしたヒスバ庁の活動を手伝う「素人」、とくに子供たちが、実に生き生きとした様子で映っていることである。もちろん、彼らが明らかに嫌そうな顔で、たとえば泣きながらヒスバ庁を手伝っていれば、「イスラーム国」側にとっては、広報資料として逆効果となるため、その映像はお蔵入りとなる可能性が高い。とはいえ、筆者は子供たちが無理に笑顔を作ってヒスバ庁を手伝っていたとも考えていない。

ヒスバ庁が風紀取り締まりに子供を参加させている様子を見て頭に浮かぶのが、ナチス・ドイツの「ヒトラーユーゲント」である。ヒトラーユーゲントはナチス党内の組織で、一〇歳から一八歳の少年から構成された教化組織である。彼らは準軍組織のメンバーとしての役割を担いつつ、市中でユダヤ人宅の襲撃をはじめとして、あるべきドイツ帝国の社会形成を目指した活動に参加していた。アメリカ人作家のS・C・バートレッティは、ヒトラーユーゲントに参加した少年とその家族についてのノンフィクション作品の中で、次のように述べている。

はじめのうち、世間はヒトラーユーゲントに感銘を受けた。世間の目には、ドイツの若者たちが、意欲に満ち、しっかりと鍛錬されてきたというふうに映ったのだ。(中略)多くの親たちは子供の変化をよろこんだ。子供たちが、規律の感覚や、身心の健康、勤勉さ、向上心、国家の伝統に対する誇り、それに、目的意識といったものを身につけてきたと感じたのだ。

S・C・バートレッティ『ヒトラー・ユーゲントの若者たち』林田康一訳、あすなろ書房、二〇一〇年、三八-三九頁

おそらくは、「イスラーム国」がヒスバの実践に子供を参加させる意図としても、こうした教化という面があり、また子供たちの側も、自分たちが正しいことをしているとの自覚を多少なりとも持っていたのではないか。仕立ての良い制服に身をつつみ、将校のバッジをつけた軍人に憧れたヒトラーユーゲントの少年のように、モースルやラッカの少年が、髭を蓄えて銃を

担ぎ、街中を闊歩する「イスラーム国」の戦闘員に憧れ、彼らを真似することに躊躇がなかったとしても不思議ではない。

取り締まり対象

では、具体的な取り締まり対象について確認したい。表4－2は、「イスラーム国」による発表と一般の報道のうち、ヒスバへの言及が見られるものを取り上げ、取り締まりの内容を地域別に整理したものである（主要な県と都市は図4－3に示した）。対象時期は、宗教施設の破壊同様、二〇一四年六月から二〇一五年八月の間である。

これによれば、ヒスバ庁の取り締まりは礼拝の実践や女性の服装、酒類といった、サウジアラビアの勧善懲悪委員会が取り締まっているのと同様の基本項目を対象としていることがわかる。一方、勧善懲悪委員会は取り締まっていない煙草を対象に含んでいる点、取り締まり対象事案の範囲はヒスバ庁の方が広いといえる。また音楽や男性の服装（西洋風、またはユニセックスなファッション）への取り締まりも行われている。これらについて、サウジアラビアではとくに年長者の間に好意的な印象を持たない人々がおり、勧善懲悪委員会が男性の半ズボンなど、露出の多い服装について注意することがある。しかし拘束や刑罰の対象とすることは通常ない。他方、「イスラーム国」のヒスバ庁はこれらを積極的に取り締まり、刑罰の対象としている。

また勧善懲悪委員会との違いでいえば、女性による取り締まりも挙げられる。「イスラーム国」の支配地域では女性がヒスバや戦闘行為に関与しており、とくに「ハンサー（al-Khansāʾ）」と「ウンム・ライヤーン（Umm al-Rayyān）」と呼ばれる二つの部隊の存在はよく知られていた。これらの部隊は主に外国人戦闘員の妻から構成され、彼女らは男性メンバーが女性を取り締まる際にハラスメントが生じる事態を防ぐため、「イスラーム国」の「国境」での女性の出入国者に対する身体検査や、市中での女性に対する取り締まりに携わった。

なお「イスラーム国」のヒスバは、宗教的風紀の取り締まりに特化したものではない。ヒスバ庁のメンバーは外国人戦闘員を殺害したり、逆に彼らも攻撃の対象となっていたり、また地上戦に動員されたりと、頻繁に戦闘活動に携わっている。実際、映像資料に見る彼らはしばしば機関銃を所持しており、風紀取り締まり、治安維持、戦闘といった役割を幅広く担っている様子がうかがえる。

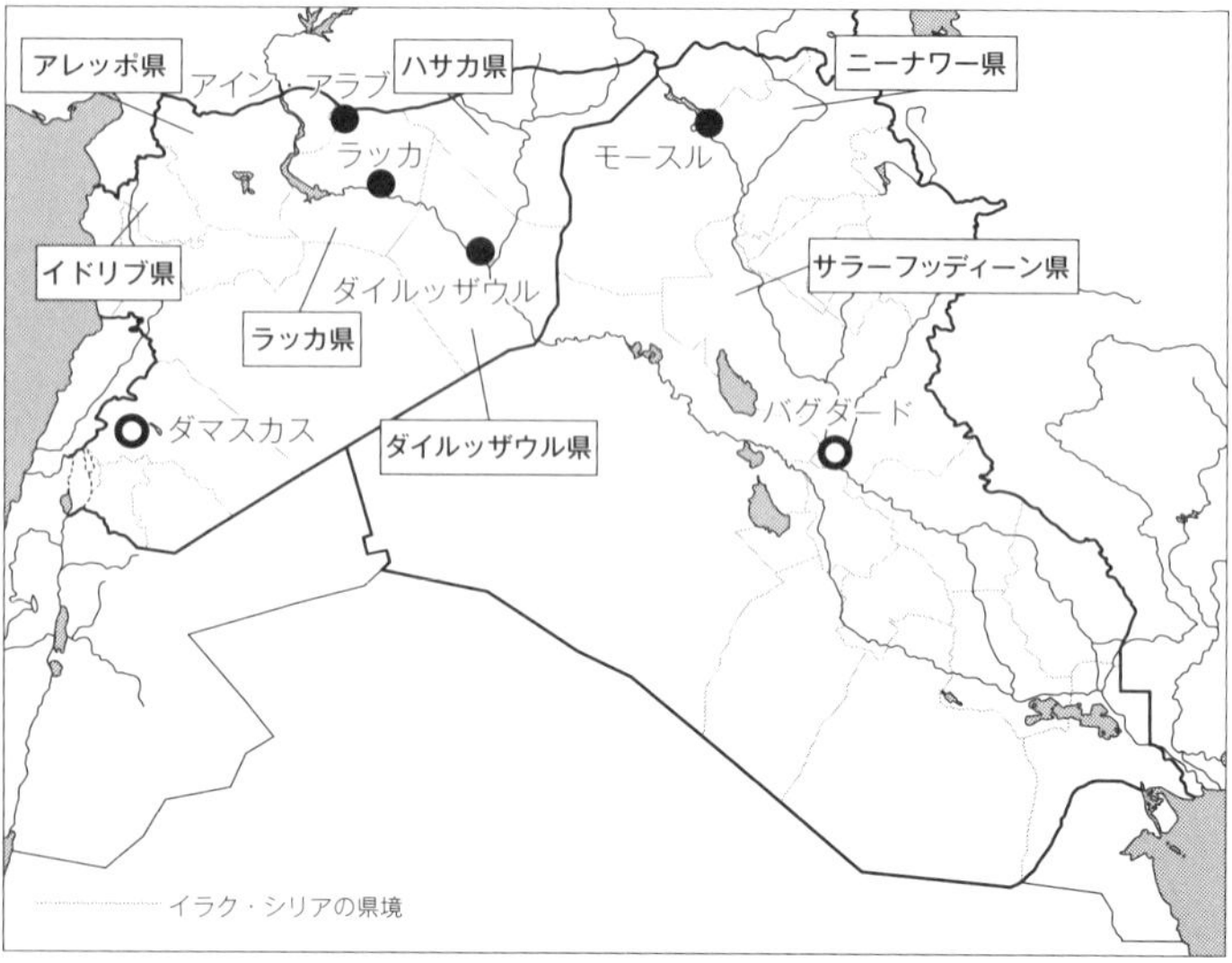

図4-3　ヒスバ庁の活動が見られたイラク・シリアの主要な県と都市

表4-2　「イスラーム国」のヒスバに関する報道などの概要

国	県	市町村	報道内容
イラク	ニーナワー	モースル	・煙草、水煙草、破れたジーンズ、欧米国旗のデザインが施された衣服、細身の服、女性へのハラスメントの取り締まり ・有志連合の空爆でヒスバ機関の建物が破壊
		不明	・廟の破壊、同性愛男性(高層建築から突き落として死刑)、強盗(銃殺の上死体を磔)、姦通(女性の首までを埋めて石打の死刑)の取り締まり
	サラーフッディーン	不明	・イラク軍の空爆でヒスバ機関の高官が死亡
シリア	ラッカ	ラッカ	・煙草、麻薬、酒、賞味期限切れの食品、呪術師(斬首)、服装違反の取り締まり ・喜捨の徴収 ・「ハンサー」部隊(後述)が少女を拘束、鞭打ち(理由不明) ・女性メンバーが市内の写真を撮った男性を拘束、服装違反で女性拘束 ・支配地域外への女性の旅行の禁止 ・物価を釣り上げる商人を取り締まらないことに市民が不満、抗議 ・有志連合の空爆でヒスバ機関の建物が破壊 ・ヒスバ機関のトップが離反、逃亡

国	県	市町村	報道内容
シリア	ダイルッザウル	ダイルッザウル	・礼拝不履行（鞭打ち100回と罰金2,000シリア・リラ)、女性の服装違反(鞭打ち60回と罰金2,500シリア・リラ)、喫煙(鞭打ち60回)、窃盗(手首切断)、姦通(石打で死刑）の取り締まり ・喫煙した病院医師を拘束 ・顔を出していた女性を拘束、連行阻止を試みる市民に発砲、3名殺害 ・ヒスバ機関のメンバーが外国人戦闘員22人を殺害 ・パトロール車に爆弾攻撃、5人死亡
		マヤーディーン	・細身の服を着用して市民に警告 ・ポルノ映像を所持していた女性を拘束、これに関し別の男性を拘束 ・半ズボンを穿いた男性を拘束 ・煙草密輸の男性を拘束 ・ヒスバ機関のナンバーツーの拷問・斬首死体発見。口に煙草を詰められ、付近に「お師匠、これは悪ですよ」と落書き ・武装者による襲撃を受ける
		ブー・カマール	・女性メンバーが肌を出していた女性15人を拘束(鞭打ち)、女性用商品の販売店で働く男性に注意 ・女性がいた商店を閉鎖 ・パトロール車への爆破攻撃を受ける ・外国人武装者によるパトロール車への襲撃を受ける ・爆破攻撃でサウジアラビア人とチュニジア人を含むメンバー6人が死傷 ・有志連合の空爆でヒスバ機関の建物が破壊
		不明	・礼拝時間中の喫茶店における無線インターネット切断を指示 ・治安上の理由で夜間の外出及び商店の営業を禁止
	アレッポ	アレッポ	・煙草密輸（鞭打ち50回)、音楽器の所持（鞭打ち90回）の取り締まり
		アイン・アラブ	・有志連合の空爆で21人が死亡 ・クルド人との戦闘で、ラッカ、アレッポからのヒスバ機関メンバー含む戦闘員100人以上が死亡
		マンビジュ	・窃盗(手首切断）の取り締まり ・有志連合の空爆でヒスバ機関の建物が破壊
	ハサカ	シャッダーディー	・ヒスバ機関の幹部が敵対勢力により殺害される
	イドリブ	イドリブ	・市民による抗議運動が発生
リビア	トリポリ	トリポリ	・廟の破壊、商店の看板からの写真を撤去、マネキン、違反アバーヤの押収
	ベンガジ	ベンガジ	・礼拝中の商売を禁止

［出典］アラビア語・英語の報道、ウェブ・サイト『シリア・アラブの春顛末記　最新シリア情勢』〔http://syriaarabspring.info/、現代シリア・レバノン研究者である青山弘之氏を中心に開設・運営〕、イギリスに本部を置くNGO「シリア人権監視団(Syrian Observatory for Human Rights)」の発表などインターネット上の発表をもとに筆者作成

4　「イスラーム国」の統治を振り返る

二〇一七年七月、イラク政府は同国北部のモースルを「イスラーム国」から奪還したと宣言した。また同年一〇月には、シリアのクルド人民兵組織「シリア民主軍」が、やはり同国北部のラッカを「イスラーム国」から奪還したと宣言した。イラク・シリア両国における拠点とされたモースルとラッカが陥落したことで、国際社会はいよいよ「イスラーム国」の完全崩壊が近いと認識し、報道にもどこか安堵の思いが漂っていた。

「イスラーム国」はモースルやラッカを正式に首都のような存在とは宣言してこなかった。しかしモースルは二〇一四年六月にバグダーディーがカリフ就任演説を行った、いわばカリフ制国家としての「イスラーム国」のはじまりの地であり、ラッカは「イスラーム国」の建国宣言以前、彼らがイラク北部に攻勢を仕掛ける前から活動の拠点としていた古巣である。またなによりも、両都市は「イスラーム国」の支配地域において際立って制度化された風紀取り締まりが行われてきた、いわばヒスバの中心地であった。これは、両都市が風紀びん乱の激しい、無法地帯であったことを意味するわけではない。むしろ、日常生活の瑣末な事案を取り締まるほどに、「イスラーム国」の統治が確立していたことを意味する。

この点、モースルとラッカの陥落は少なくとも「イスラーム国」が二〇一四年六月以来取り組んできた、「正しいイスラーム」社会の形成という試みが頓挫したことを意味する。世界に大きな爪痕を残した「イスラーム国」を振り返るにはあまりに時期尚早だが、ここでは彼らがイラク・シリアで行ってきた統治について振り返りたい。

戦略的観点から見るヒスバ

サウジアラビアの勧善懲悪委員会と比べて、「イスラーム国」のヒスバ庁がより徹底した風紀取り締まりを行っていることはすでに述べた。この差が生まれた理由を、仮に「イスラーム国」のヒスバのパトロール職員に尋ねていたならば、おそらく「サウジアラビアは偽りのイスラーム社会。我々の社会こそが真のイスラーム社会であり、そのため厳格なヒスバが敷かれているのだ」といった答えが返ってきたであろう。

なにをもって真の、あるいは偽りのイスラーム社会とするかという問題はさておき、サウジアラビアがワッハーブ主義という国是を重んじる一方で、体制の維持や諸外国との関係のために様々な妥協を図ってきたのは事実である。また前章の後半に説明したように、近年ではヒスバの取り組み自体を縮小する傾向にある。妥協のなさという点で、確かにサウジアラビアは「イスラーム国」にかなわないといえるのかもしれない。

しかし「イスラーム国」のヒスバの特徴を理解するには、妥協しないという観点だけでは不十分である。これでは彼らの統治をただ「厳格」で「残忍」なものと評価することとそう変わりはない。ここで重要となるのが、近代国家とは異なる非国家主体としての「イスラーム国」にとって、ヒスバの実施がどのような戦略的意義を持っていたかである。

先に本章では、墓廟破壊を社会形成の狼煙と位置づけた。なぜなら墓廟破壊は領土の支配・拡大過程の最初期に行われ、それは「イスラーム国」にとって、当該地域の支配が開始したことを対外的に示す意味を持っていたからである。実際、軍事的重要性を持たない墓廟や宗教施設を破壊するという悠長ともいえる行為は、戦闘地域では通常行われないと考えられる。この点、重機や爆弾を用いて墓廟を派手に破壊するのは、占領地に自軍の旗を立てるような象徴的行為である。

これと同様のことが、風紀取り締まりについても当てはまる。自分たちの領土や命を守ることが優先される戦闘地域では、煙草や酒を取り締まるよりも敵の殺害をはじめとする危急の事案が数多くある。銃弾が飛び交う中で呪術師を取り締まる余裕はない。風紀取り締まりの実践は、そもそも取り締まる側の支配が一定程度確立していなければ現実的な行為とはいえないはずである。

このことを裏づけるように、クルド人勢力との攻防戦が続いたシリアのアレッポ県にある都市アイン・アラブ（クルド名コバニ）では、風紀取り締まりとしてのヒスバについての報道は見られなかった。同地一帯でヒスバとして報じられた活動はすべて戦闘行為である。一方、モースルを擁するイラクのニーナワー県、ラッカを擁するシリアのラッカ県や隣のデリゾール県といった、当初より「イスラーム国」の根城といわれてきた地域では、戦闘行為としてのヒスバの報道はほとんど見られず、風紀取り締まりについての報道が中心であった。ペルシャ湾岸地域のような支配が及んでない場所ではヒスバを実施したという報告自体が見られない。

この点を踏まえると、「イスラーム国」のヒスバの内容は、当該地域の支配の程度と強く関係していたことになる。ヒスバは必ずしも風紀取り締まりに特化したものではなく、墓廟の破壊など、彼らが考える「正しいイスラーム」社会の形成に向けたあらゆる活動を含んでいた。戦略的観点から見れば、ヒスバは支配地域の宗教風紀を形成、維持するという対内的な役割と同時に、支配地域を敵対勢力から守るという対外的な役割も負っていたということになる。言い換えれば、「イスラーム国」の動向や現地の情勢を把握する方法が限られていた状況下、本来は戦闘とは無縁なはずのヒスバについての情報が、「イスラーム国」の各地域における伸長をうかがうための重要な情報源となっていたのだ。

重要なのは社会を形成すること

この考えにもとづき、「イスラーム国」の支配領域で見られたヒスバを段階的に示すと、支配が確立していない場所では戦闘、戦闘に勝利して支配がはじまった場所では墓廟破壊、支配が確立した場所では風紀取り締まり、となる。土地を奪い、社会を作り、それを維持するという三つの段階を通して、「イスラーム国」のヒスバが展開していく様子が見てとれたわけだ。

この理解について、日本にもかかわるエピソードを紹介したい。二〇一六年五月に行われた三重県での第四二回先進国首脳会議「伊勢志摩サミット」の直前、日本のメディアでは国内の治安状況やテロ対策について連日報じられていた。筆者はその時、テレビのある情報番組で「日本にも『イスラーム国』の脅威が及びうる」と警鐘を鳴らすコメンテーターの姿を見た。その人物によれば、かつてアフガニスタンのターリバーン政権がバーミヤン渓谷の巨大仏像を破壊したように、「イスラーム国」のシンパが多神教や偶像崇拝の排除を目的に、京都の寺社仏閣を爆破する可能性が否定できないという。

しかし、少なくとも当時の「イスラーム国」をめぐる情勢を考えて、このような事態は絶対に起こらなかった。このコメンテーターは、「イスラーム国」が多神教や偶像崇を拝強く拒むことは知っていても、なにを目的に、どのような行動原理でその考えを実行するかについてはまったく考慮していなかったと思われる。

確かに、「シンパ」と呼ばれる人がどんな行動をとるかわからないという面はある。しかしながら、「イスラーム国」にとって墓廟破壊は、彼らの信じる「正しいイスラーム」社会を作るためのプロセス、すなわちヒスバの一環であった。「正しいイスラーム」社会を作るとは、支配地域にイスラーム法にもとづいた統治を確立することであり、世界のあらゆる場所からイスラームにもとった要素を排除することを意味するわけではない。イスラームにもとった要素を排除するのは、その場所にイスラーム法にもとづいた統治を敷くことを目指した時である。「イスラーム国」は日本を、アメリカ主導の対「イスラーム国」有志国連合に与する存在として敵視していたが、「イスラーム国」の支配領域にしようとの思惑は見られなかった。彼らの現実的な狙いは、イラク・シリアを領土としつつ、現在のイスラーム地域、またかつてイスラーム地域であった東ヨーロッパやイベリア半島などで彼らに共鳴した現地住民が破壊活動を起こすような、グローバルな求心力を発揮することにあった。有志国連合の参加国やそれに与する日本といった「敵国」に対しては、自分たちを攻撃するとこのような代償を払うことになると訴えるための「報復」を与えるだけで十分である。もちろん実行可能性という点からも、彼らは自分たちが日本やアメリカを実効支配できる能力を持っているとは考えていなかっただろう。一部のメディアは彼らを、妄想に取り憑かれた集団のように描き出していたが、実際は非常に現実的な考えを持っていた。

目立たなかったヒスバ批判

繰り返し述べてきたように、宗教的風紀の取り締まりは国際社会から「厳しい統治」との誹《そし》りを受けるのが通常である。しかしながら、クルアーンとハディース、またイスラームの古典法学に根拠を求めることができるヒスバについては、少なくとも同じムスリム諸国から「誤っている」と批判される可能性は低い。政治的な戦略の上では敵対するムスリム諸国も、たとえば礼拝の不履行や飲酒を取り締まる社会を「イスラームにもとる」と批判することはできない。批判すれば、むしろ自らがイスラームの名を騙った、偽ムスリムであるかのような告白をしてしまうに等しい。

「イスラーム国」の社会形成が持っていたこうした「否定の難しさ」は、イスラーム諸国による「イスラーム国」への批判様式からも見てとれた。たとえば二〇一四年八月、サウジアラビアのアブドゥルアズィーズ最高ムフティーは「イスラーム国」について、「イスラームの一部ではない」、それどころか「人類の文明を破壊する、イスラームの最たる敵」と評した。「イスラーム国」と敵対する周辺のアラブ・イスラーム諸国、また非イスラーム諸国は、これを「イスラーム国」と戦うための「お墨つき」として報じた。とくに欧米諸国は、保守的で、イスラーム世界の盟主であるサウジアラビアの最高位のイスラーム指導者が「イスラーム国」を批判したのだから、「イスラーム国」と戦うことで他のムスリム諸国との関係が悪化したりすることはないのだ、むしろ我々が「正しいイスラーム」の側に立つことになるのだと思ったことだろう。

おそらくサウジアラビアの側にも、そう思わせる意図があったと考えられる。しかしながら、こうしたイスラーム諸国の宗教権威による批判の多くは、「イスラーム国」を自国の治安や地域安全保障の観点から警戒したものであり、「イスラーム国」の統治を宗教的観点から吟味した上で否定するものではなかった。この点、サウジアラビアのアブドゥルアズィーズ最高ムフティーが、「イスラーム国」を「人類の文明を破壊する、イスラームの最たる敵」といい表したことは興味深い。「人類の文明」といった普遍的価値を対極に据えたことで、彼は「イスラーム国」を世界共通の敵として位置づけようとしたわけだが、見方を変えれば、彼はイスラーム法学者として「イスラーム国」をイスラーム、あるいはワッハーブ主義特有の観点からは批判しなかったことになる。

確かに、勧善懲悪委員会という政府機関が風紀取り締まりを行っているサウジアラビアが、「イスラーム国」の風紀取り締まりを批判してしまえば、それは天に唾するような行為となるだろう。したがって、これらの批判は、少なくとも「イスラーム国」にとっては、自組織のイスラーム的正統性を減じさせるものとならなかった。むしろワッハーブ主義の名のもとで「正しいイスラーム」社会を自認しているサウジアラビアの最高位の宗教権威が、治安維持や安全保障という近代国家の観点からでしか批判できなかったことを受けて、「イスラーム国」のメンバーは自分たちがイスラーム的にはやはり正しかったと確信したはずである。

もちろん、だからといって「イスラーム国」による宗教的社会の形成が全面的に肯定されるわけではない。宗教施設の破壊であれ風紀取り締まりであれ、その暴力性や野蛮性が詳らかになるにつれて、「イスラーム国」が掲げるカリフ制は、多くのムスリムにとって受け入れがたい統治と映った。しかしながらこれは、イスラームはもちろんのこと、カリフ制やヒスバに内在する性質というより、「イスラーム国」の教義の解釈の狭さや、手段をいとわず最短距離で目的を果たそうという、絶対的理想を求める姿勢によるものである。このことを見落とせば、社会における宗教規範の採用が一面的に「厳しい統治」となってしまい、「正統」、「異端」、また「過激主義」といったあらゆる宗教のあり方が同一視される危険も生じる。この点、「イスラーム国」による社会形成は、教義的根拠と戦略的根拠を含めた複数の要素を照らし合わせることで評価、検討されるべきであろう。

ヒスバは成功したのか

カリフの名のもとに宗教的社会を形成し、それによって自らを正当化したかった「イスラーム国」にとって、ヒスバの実施はカリフ制の意義を端的に示すための、重要かつ王道といえる方法であった。「イスラーム国」が取り組んだヒスバは、彫像や廟の破壊（多神教・偶像崇拝の禁止）、礼拝の徹底、酒類の禁止、男女の隔離といった、イスラームの教義の中でも基本的といえる事案を中心とした。このことは、誕生間もない「イスラーム国」が社会統治の基盤を構築している途中であることを示していた。

一方、支配地域の住民からは取り締まりに対する批判の声も上がっており、ヒスバ庁のメンバーに対する暴力行為も発生していた。これは、サウジアラビアの勧善懲悪委員会の事例で説明したような、社会の変化と伝統との緊張関係というより、非国家主体としての「イスラーム国」が必然的に持ち合わせた不安定さによるものであろう。ヒスバは「イスラーム国」の統治が確立したことを図る指標としての性格を持っていたが、言い換えれば、統治の不安定性を示すものでもあった。

こうした「イスラーム国」のヒスバによる統治が彼らにとって成功といえたかどうかと問われれば、筆者はひとまず成功といえると考える。カリフ制のもと、他のイスラーム諸国に類を見ない徹底した風紀取り締まりが行われ、「イスラーム国」はその詳細を世界に伝えることができた。加えて「イスラーム国」にとって都合が良かったのが、先述したように、敵対するムスリム諸国の宗教権威が、「イスラーム国」が取り組む風紀取り締まりに事実上目をつぶったことである。これによって、周辺諸国は「イスラーム国」と戦うにあたり「正しいイスラーム」や「イスラーム世界の防衛」といった大義を掲げることができず、むしろ単に自国の利益とそれを確保するための域内の安全保障環境という、自分たちの都合を露呈せざるをえない状況に陥った。純粋に「イスラーム」という大義を掲げる上で、心理的に優位な状況に立っていたのは「イスラーム国」の側である。

過激主義組織にとってのヒスバ

約三年に及ぶ軍事衝突を経て、「イスラーム国」はイラク・シリア両国北部で支配領域を失ったが、カリフ制のもとで行われるヒスバの統治を世界に示したこと、そしてその統治をどのように行うのかについての、ある種のマニュアルを世界に与えたことは、今後、様々な過激主義組織の誕生や伸長を促す可能性を持っている。たとえばある人物や集団がイスラームを旗印に現実社会の破壊に取り組もうとした時、「イスラーム国」の取り組みは格好のテキストとなり続けるだろう。

現代において、こうしたモデルの筆頭といえる存在が、ターリバーン政権下のアフガニスタンで行われた統治であった。先述したように、アフガニスタンのターリバーン政権といえば巨大仏像の破壊で悪名高く、日本ではシルクロードの遺跡を描いたことで知られる画家の平山郁夫（一九三〇～二〇〇九年）が批判したことでもよく知られている。こうした仏像の破壊は、本章で「イスラーム国」が行ってきた「正しい」イスラーム社会を作り上げるために行われた統治の一環であり、期間こそ短いものの、ターリバーン政権も統治下で厳しい風紀取り締まりに取り組んできた。詳細な取材にもとづいて同政権の統治の内実を伝えてきたパキスタン生まれのジャーナリスト、アフマド・ラシードによれば、同政権下、政府機関である「勧善懲悪庁」のパトロール職員が男女の服装や女性の外出などを監視したほか、外国のテレビ番組を衛星放送などで視聴することを禁じ、違反者には鞭打ちなどの刑を科してきた。

今日、支配領域でこうした取り締まりを行っている武装組織としては、「イスラーム国」に忠誠を誓ったナイジェリア北部の「ボコ・ハラム」（正式名称は「宣教とジハードのためのスンナの徒の集団」）がよく知られている。ボコ・ハラムは二〇〇三年の結成時より、警察の襲撃やキリスト教徒に対する爆破攻撃を繰り返し、二〇一二年の時点で国際社会から「テロ組織」と認識されていた。そして二〇一四年四月には、世界で報道されたキリスト教徒の女子生徒二四〇人の誘拐事件を起こしている。

写真4-6　ナイジェリア北部の過激主義組織「ボコ・ハラム」（出典 同組織が配信した動画）

ボコ・ハラムの前身の一つは、一九九〇年代初頭に誕生した「ヤン・ヒスバ」という組織である。「ヤン」は現地で用いられるハウサ語で「人々」を意味する。ナイジェリア北部では、一九世紀初頭よりソコト・カリフ国と呼ばれるムスリム王朝が存在したが、二〇世紀初頭にはイギリスの侵略を受け、イスラーム法学にもとづいた司法制度が部分的に制限され始めた。さらに一九六〇年、ナイジェリアの独立を経て連邦制に組み込まれるにあたり、新国家がキリスト教徒や他の宗教の人々とともに構成されることを受けて、イスラームにのっとった社会秩序が次第に形骸化していった。こうした背景から、二〇世紀後半に社会のイスラーム化を目指す様々な運動が起こり、ヤン・ヒスバもその一つであった。

「ヒスバ」との名称が示す通り、ヤン・ヒスバはムスリムが多く住むナイジェリア北部でイスラームにのっとった司法整備を目指すにあたり、市中での風紀取り締まりを実施した。ヤン・ヒスバは既述のイブン・タイミーヤやイブン・アブドゥルワッハーブに影響を受けた組織として活動し、その中心となったグループから後にボコ・ハラムを組織するムハンマド・ユースフ（一九七〇～二〇〇九年）が現れた。

二〇一五年三月に「イスラーム国」のカリフに対して忠誠を誓ったボコ・ハラムであるが、以上のように、ヒスバに取り組んできた過激主義組織という点では、実のところ「イスラーム国」の先輩格といえる。「イスラーム国」の崩壊が伝えられる現在も、ナイジェリア北部の一部地域ではボコ・ハラムの宗教警察による取り締まりが行われており、「イスラーム国」がたとえ崩壊しても、世界における過激主義組織の伸長は依然として続いているのが現状である。

第5章

インドネシア・アチェ州のヒスバ警察

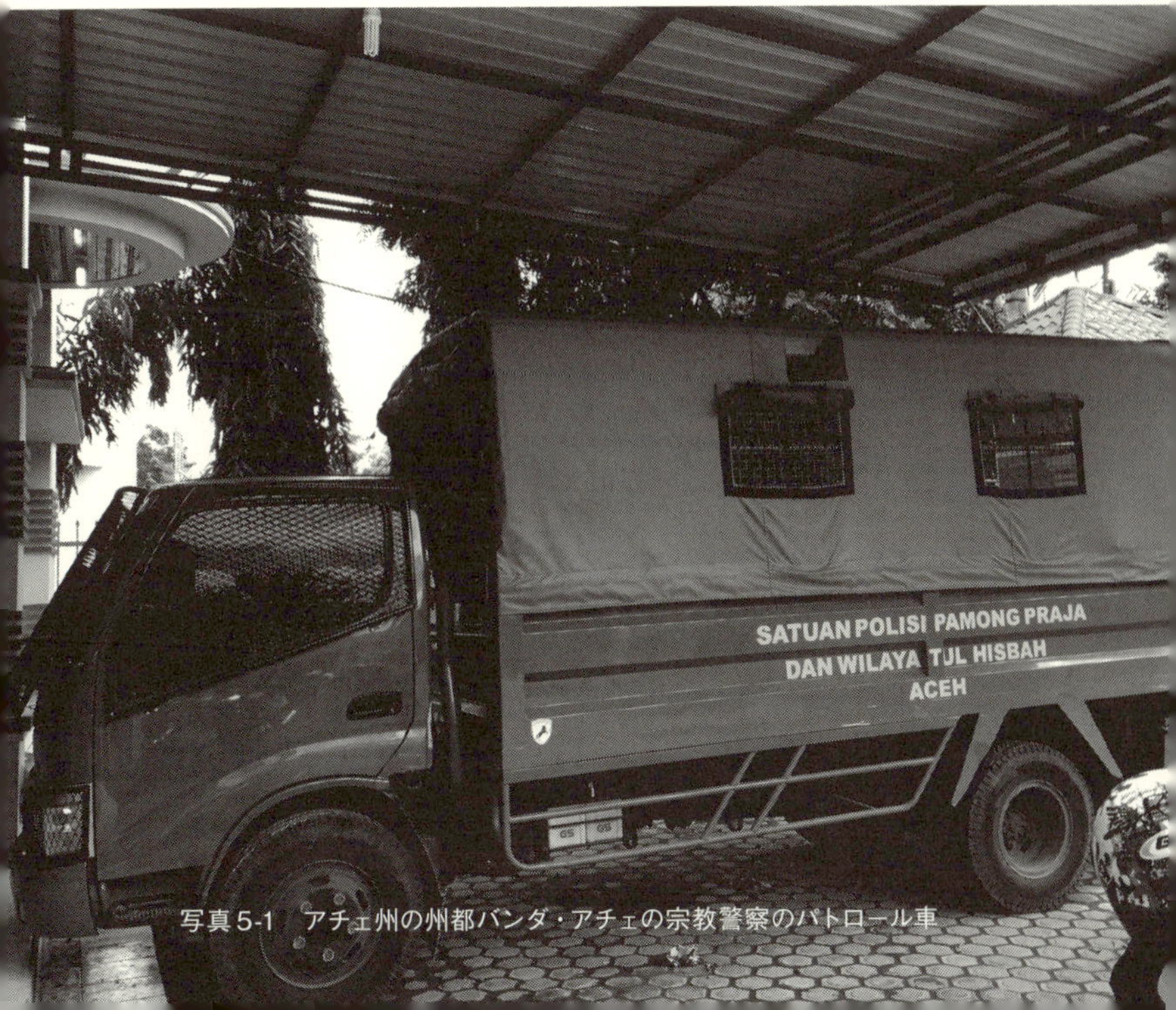

写真5-1　アチェ州の州都バンダ・アチェの宗教警察のパトロール車

1　インドネシアとイスラーム

これまで、アラビア半島のサウジアラビアと東アラブ地域の「イスラーム国」を事例として、イスラーム社会における風紀取り締まりを眺めてきた。最後に本章ではその視点を東南アジアに向けたい。

いうまでもなく、東南アジアはアラビア半島や東アラブといった中東地域一帯に比べ、日本人にとって地理的・文化的に馴染みが深い。宗教に関しては日本に伝わった大乗仏教とは異なるものの、同じ仏教文化を共有している。一方で東南アジアには多くのムスリムが住んでおり、国別で見たムスリム人口はインドネシアが世界第一位、バングラデシュが第四位につけている。

本章では、この世界最大のムスリム人口を抱えるインドネシアを舞台として、同国におけるイスラームの故郷ともいわれるスマトラ島北端のアチェ州の宗教警察を取り上げる。まずは本題に入る前に、インドネシアと、インドネシアにおけるイスラームの位置づけについて簡単に述べておきたい。

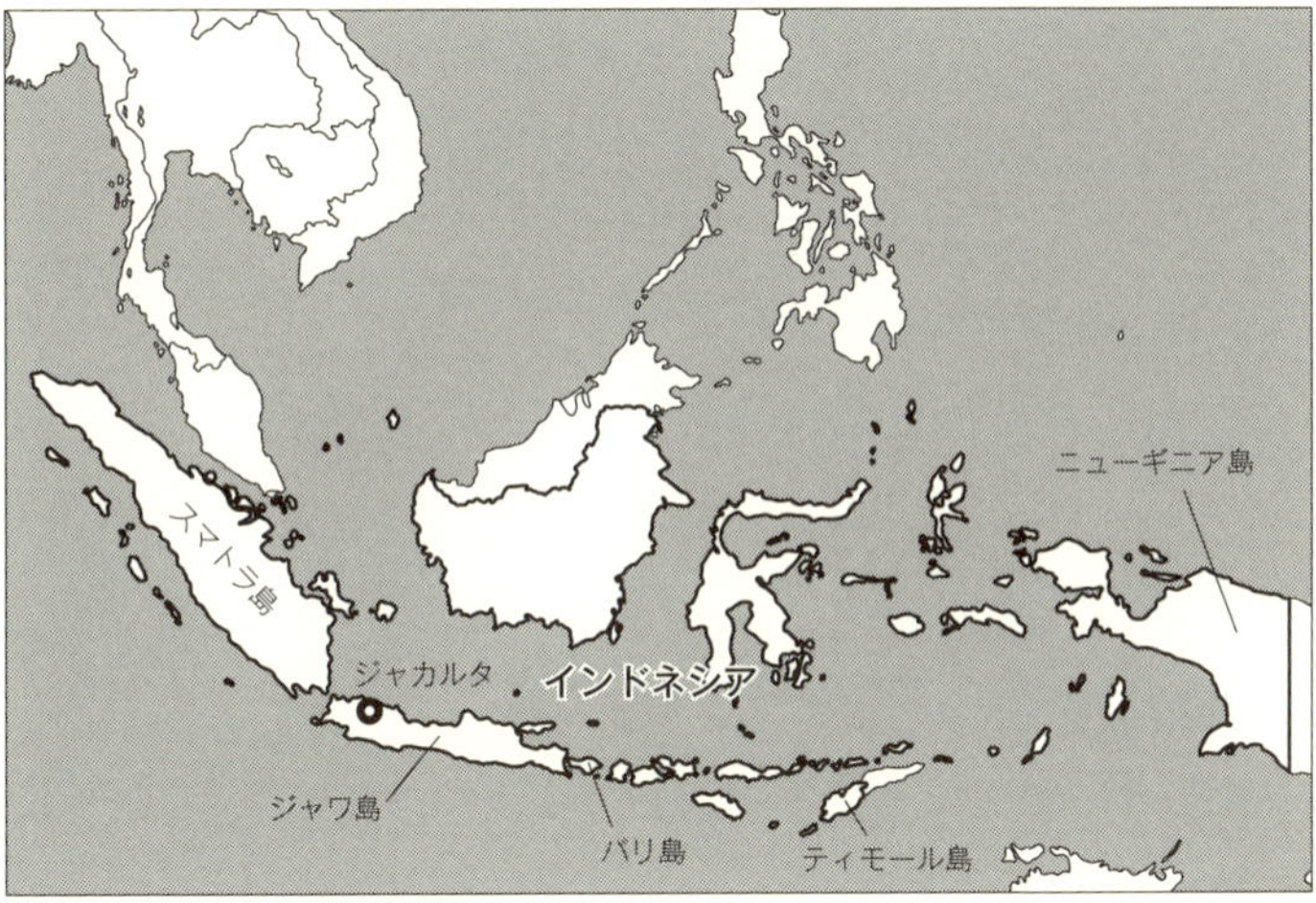

図5-1　インドネシア地図

多文化国家として

インドネシア共和国は、東端がニューギニア島、西端がスマトラ島からなる、東南アジア南部の島嶼群である。島々の数は一万五〇〇〇以上といわれ、スマトラ島や首都ジャカルタを擁するジャワ島を含んだ大スンダ列島、観光地として有名なバリ島や、一九九九年に独立した東ティモール民主共和国があるティモール島を含んだ小スンダ列島と聞けば、学校で習った地理の授業を思い出す人も多いだろう。

また環太平洋火山帯（造山帯）の一部をなすインドネシアは、多くの火山や地震があることでも知られている。最近では二〇一六年九月にバリ島に近いロンボク島でバルジャリ山が噴火したほか、二〇一七年一一月から二〇一八年一月にかけてバリ島のアグン山が噴火し、住民の生活や現地の観光産業に大きな打撃を与えた。なお火山ではないが、ニューギニア島にある国内最高峰のジャヤ山（四八八四メートル）を筆頭に、三〇〇〇～四〇〇〇メートル級の山が国内には多く存在する。地震に関しては、二〇〇四年一二月のスマトラ島沖地震、二〇〇六年五月のジャワ島中部地震が記憶に新しい。とくにスマトラ島沖地震は、その後に襲った津波が甚大な被害をもたらしたことで知られている。

インドネシアのこうした多面的な姿は宗教文化についても見られる。我々が現在インドネシアと呼ぶ地域には、紀元前後からヒンドゥー文化、中国文化が流入し、様々な王国が勃興した。その後、上座部仏教（テーラワーダ）が、さらに一一世紀から一二世紀になるとイスラームが広まった。そして一六世紀になると、大航海時代を背景にポルトガルやスペイン、またオランダやイギリスが進出し、植民地支配が確立していく過程で、宣教師によってキリスト教が広まった。一九四二年から一九四五年には日本が軍事占領を行っている。

こうした背景から、インドネシアは世界最大のムスリム人口を抱える国家である一方、多くの宗教が共生する国家でもある。このため人口の九割弱をムスリムが占めるが、イスラームを国教とはせず、多民族・多宗教の共存を国是として掲げている。政府はイスラーム、プロテスタント、カトリック、ヒンドゥー教、仏教、儒教を公認宗教とし、憲法においても次の通り、信教の自由が明記されている。

図5-2　インドネシア国章「ガルーダ・パンチャシラ」。中央の星が「唯一神への信仰」を表している

第二九条
第二項　国家は、すべての国民がそれぞれの宗教を有し、その宗教及び信仰に従って礼拝を行う自由を保障する。

これに関連し、「パンチャシラ」という言葉を聞いたことがある人もいるだろう。パンチャシラとはインドネシアの国是である五大原則を指し、その一番目に「唯一神への信仰」が掲げられている。「唯一神」と聞くと、あたかもキリスト教とイスラームを指すようにも見えるが、現在ここで重視されているのは「信仰」を持つことであり、これはすなわち無神論を認めないという姿勢である。インドネシアは一九二〇年、アジアで初めて合法政党としての共産党が生まれた国であり、「多様性の中の統一」を掲げた様々な民族主義運動の中心となってきた。その後一時的に衰えるが、インドネシアの独立後は再び勢力を拡大し、政権との協力関係を築くが、軍部との対立を経て非合法化された。少なくとも今日、「唯一神への信仰」という原則が重んじられる背景には、宗教とは対極にある共産主義勢力への警戒がある。

なお、このような多文化国家としてのあり方は、見方を変えれば、インドネシアを統一する一つの強固な文化的紐帯がないことを示唆する。本章で取り上げるアチェ州も、この問題と無関係ではない。

インドネシアの独立

では、アチェ州はどのように誕生したのか。これについては、第二次世界大戦を経たインドネシア独立の経緯がかかわってくる。

先述したように、インドネシアには一六世紀以降、ポルトガルとオランダを皮切りに様々な外国勢力が手を伸ばしてきた。一七世紀初頭にはオランダが東インド会社の設立に伴って交易を活発化させたが、一八世紀末には同社が経営悪化に陥って解散した。さらに一九世紀にはオランダがフランスによる支配やベルギーの独立といった政局の混乱を迎え、東インド会社の支配地域でも現地民の反乱や飢饉などによる不安定な状況が続いた。これを受けて、オランダは二〇世紀になると「倫理政策」と呼ばれる植民地政策の転換を経て、現地民の福利厚生に対する措置をとり始めたが、一九四〇年にオランダ本国がドイツの支配を受けた。

これによってオランダ本国による東インド会社運営がおぼつかなくなる中、一九四二年には日本が侵攻し、東インド会社の支配地は日本の軍政下に置かれる。日本軍政は建前上、欧米諸国からアジアを解放することを目的に、これまで東インド会社が押さえつけていた民族主義運動家との協力体制をとった。この中には後にインドネシア共和国の初代大統領となるスカルノと、同副大統領となるハッタもいた。

日本軍は自国式の教化活動の一方で、一九四四年には将来的な独立を約束するなどして、現地民の支持を取りつけた。この約束は一九四五年の九月七日にインドネシアが独立を果たすというところまで進んだが、日本が同年八月一五日に連合国に対して無条件降伏をしたため当然立ち消えになる。これに乗じて民族主義活動家たちは、二日後の八月一七日にスカルノとハッタの名のもとにインドネシアの独立宣言を行った。

しかしながら、このタイミングでインドネシアに舞い戻ってきたのが、かつての宗主国オランダである。ドイツ占領期にオランダ王室の亡命先であったイギリスも巻き込み、その後インドネシア独立戦争は四年以上に及んだが、最終的に一九四九年一二月、正式にインドネシアは主権を獲得した。

アチェ州の誕生

こうしたインドネシアの植民地化と独立の過程で、アチェ州はどのような位置にいたのか。

現在のアチェ州は、人口約五〇〇万人を擁する、スマトラ島北端に位置するインドネシアの州の一つであり、東南アジアで最初にイスラームが根づいた場所として知られる。一五世紀からはじまったアチェ王国の統治下、一六世紀半ばには支配階層がイスラームに改宗した後はイスラーム王国としての立場を強めた。そしてスルタン・イスカンダル・ムダ（一五八三？～一六三六年）の統治下ではスマトラ半島の大部分を支配するなど、絶頂期を迎えた。

一九世紀以降、スマトラ島に勢力の手を伸ばしたオランダの支配を受けて、アチェ王国はオランダと対立した。アチェ王国は長期にわたる抵抗運動を続け、とりわけ一八七三年のオランダによる宣戦布告を受けて開始したアチェ戦争では、一〇万人ともいわれる犠牲者を出すなど、運動は激しさを増した。最終的に一九〇三年、最後のスルタンであるムハンマド・ダウド・シャー（一八六四～一九三九年、在位一八七四～一九〇三年）が退位したことで、アチェ王国はその歴史に幕を閉じた。

しかし第二次世界大戦を経て日本軍政が終わったことを受けて、インドネシアは先述した対オランダ独立戦争に突入した。この間、アチェの人々はオランダへの抵抗運動に積極的に参加した。アチェ王国の統治下で栄光の時代を築き、長く外国の支配に対して抵抗を続けてきた歴史は、アチェの人々に強固な連帯と独立の精神を植えつけたとされる。

こうした経緯から、初代大統領に就任したスカルノ（一九〇一～一九七〇年、在任一九四五～一九六七年）は、インドネシア独立に際し、対オランダ独立戦争のインドネシア側の牙城の一つとなったアチェの人々の貢献を称え、その褒賞としてアチェが国家として独立することを約束した。

ただし実際には、一九五〇年にアチェは南に接する北スマトラ州に併合された。これを受けてアチェでは、現地のウラマーを中心にインドネシアから独立を願う機運が高まり、「ダールルイスラーム」と呼ばれる分離独立要求運動が起こった。このため政府は、一九五九年にアチェに「特別州」としての地位を与えるという譲歩を見せた。

しかしながら、この「特別州」の不平等なあり方をめぐり、アチェでは分離独立要求が再燃する。そのきっかけといわれるのが一九七〇年代の天然ガス開発である。当時、天然ガス開発が本格的に進んだインドネシアだが、その中でもアチェ特別州の域内で一九七一年に発見されたアルン・ガス田は重要な役割を担っていた。ガスプラントは工業用排水を垂れ流し、現地民の健康や土地、また農地を奪った。その上、天然ガスによる収益配分において不平等があったとされ、アチェの人々はインドネシア政府に自らが搾取されていると感じ始めた。このためアチェでは一九七六年にアチェ・スマトラ民族解放戦線（自由アチェ運動）が設立され、インドネシア政府に対して再び蜂起した。これに対して一九六七年に大統領に就任したスハルト（一九二一～二〇〇八年、在任一九六七～一九九八年）は、支持基盤である国軍を使ってアチェの分離独立要求運動を鎮圧するという強硬姿勢を見せた。この結果、自由アチェ運動の最高指導者やメンバーの多くは亡命するか、殺害・逮捕された。

しかし、一九九八年にスハルト体制が崩壊すると、後任のハビビ大統領（一九三六年生～、在任一九九八～一九九九年）のもとで政党の結成が認められるなど、インドネシアでは民主化の流れが生まれた。さらにアブドゥッラフマン・ワヒド大統領（一九四〇〜二〇〇九年、在任一九九九〜二〇〇一年）は、自由アチェ運動との対話路線を打ち出した。同大統領は独立後に設立された宗教大臣を父に持ち、自身はインドネシア最大のウラマー団体「ナフダトゥルウラマー」の議長を務めていた。しかしながら、国軍が対話路線に難色を示したため政府とアチェの融和は進まず、その後、スカルノ初代大統領の娘で国軍寄りのメガワティ（一九四七年生〜、在任二〇〇一〜二〇〇四年）が大統領に就任してからは、政府によるアチェの軍事封鎖を経て、政府とアチェの対立は再び激化した。

この状況を大きく変えるきっかけとなったのが、二〇〇四年一二月二六日のスマトラ島沖大地震である。スマトラ島北部は、マグニチュード九・一を記録したこの地震とそれに伴う津波により、死者約一三万人、行方不明者約三万七〇〇〇人という甚大な被害を受けた。震源地に近いアチェは大きな被害を前に、政府に対する独立要求を取り下げた。そして政府と自由アチェ運動は和平交渉を再開し、二〇〇五年八月一五日にフィンランドの首都ヘルシンキで和平合意覚書が調印された。この和平合意において、独立と併合との間の妥協案として、アチェに一定の自治が認められたのである。

2 ヒスバ警察

大規模な地震と津波による被害を受けて、アチェの分離独立要求は二〇〇四年に終わり、以降はインドネシアにおける一つの州となった。地震と津波は自然災害であり、アチェ州の歴史において重要な転換期となる出来事なのは間違いないが、イスラーム、あるいは風紀取り締まりとは無関係と思われるかもしれない。しかしながら、実はこの出来事がアチェ州におけるイスラームの位置づけ、さらには宗教警察の存在に大きく関係した。これはどういうことなのか。地震と津波がアチェの社会に与えた影響を踏まえ、アチェの宗教警察の誕生と展開を説明していきたい。

スマトラ島沖大地震とイスラーム

地震・津波を受けて、武装対立を続けていたアチェ勢力とインドネシア政府が停戦に合意し、アチェ州が誕生した経緯は先述した通りである。壊滅状態となったアチェ州には、国際連合教育科学文化機関（ユネスコ）や赤十字社といった国際機関による人道支援チームが派遣され、日本も当時の小泉純一郎政権が五億ドルの無償供与と海上自衛隊派遣などを通した復興支援をインドネシア政府と被災地に対して行った。

地震と津波による甚大な被害を前に、アチェの人々はこの自然災害をなんらかの警告、あるいは試練の一種として受け止めた。警告、試練とは、もちろん神意によるものである。彼らが被災後に独立を放棄し、インドネシア政府との和平交渉に乗り出したのも、自分たちが争いや暴力を続けていることに対して神が介入したのだという反省がその背景にあった。都市社会学、災害社会学を専門とし、スマトラ島沖地震についても調査・研究を行ってきた田中重好によれば、アチェの人々の間には地震と津波を「人間のうぬぼれを戒めるため」、「人びとがギャンブルや詐欺、盗み等の愚かな行為を続けたため」、また「〔紛争という〕アチェの状況をリセットし、はじめからスタートするように与えてくれた機会」として受け止める認識が見られたという。

一方でアチェの人々は、津波や地震によって自分たちの未来にある種の希望を抱いた。地震と津波が神の警告や試練であるならば、それを受けたアチェには今後、幸福が訪れるはずだと。その幸福とは具体的に、アチェの社会・経済的発展と、道徳・宗教的改善であった。海外からの協力を得た復興支援によって、人々はアチェの街が開発される様を目の当たりにし、最新の自動車やエアコンが完備されたショッピングモールが姿を現した。こうした経験から、人々の間には地震と津波がアチェの発展にとっての転換期であったとする理解が芽生え、地震・津波後に人々がより豊かな暮らしを求める傾向も見られた。

写真5-2　バンダ・アチェ市にある津波博物館を訪れる人々

ただし、こうした明るい未来は、警告と試練を受け入れたからこそ約束されるものである。社会・経済的発展に関しては、戦争を止めて、アチェにインドネシア政府や外国人を受け入れることがその条件だった。一方、道徳・宗教的改善に関しては、人々が自らの考えや言動を改めることが条件となる。人々はより敬虔な振る舞いを目指し、それを実現するための社会形成がなされることを志向し始めた。

こうしたアチェの人々の姿勢は、当時のインドネシア政府にとっても都合が良かった。地震や津波の背景に道徳の欠如があるとアチェの人々が考えているとすれば、彼らにイスラームにもとづいた自治を行う権利を与えることで和解の道が開けるというわけだ。メガワティ大統領は、かねてより、アチェの完全独立を避けるため、イスラームにのっとった一定の自治を認める代わりに独立を放棄させるという路線でアチェの顔役たちを諭しており、この意味では地震と津波は政府にとってもアチェとの対立を終わらせる転機となった。

こうしてアチェ州は、インドネシアの一つの州となる代わりに、独自の政策を敷くことができた。その特徴が色濃く反映されたのが司法分野である。停戦合意を受けて、二〇〇六年には新たにアチェ統治法が制定され、第一審裁判所ならびに上訴裁判所としてイスラーム法裁判所の設置が定められ、多様性の中の統一を掲げるインドネシアにおいて、イスラーム法の統治に根ざした社会が誕生した。そしてもう一つ、アチェ州のイスラーム的統治を象徴するユニークな制度として整備されたのが、宗教警察による風紀取り締まりであった。

「ヒスバ警察」の成り立ちと役割

地震と津波に先立つ二〇〇〇年から二〇〇三年の間、アチェではイスラーム法の統治に関する法令が立て続けに発布された。これらはイスラーム裁判所の設立や、服装規定や飲酒についての罰則について定めたものである。この時期、そうした罰則の対象となる事案を監視・指導する機関として、宗教警察も設立された。

アチェ州の宗教警察は、正式名称をSatuan Polisi Pamong Praja dan Wilayatul Hisbah Acehといい、直訳すれば「アチェ州警察及びウィラーヤトゥルヒスバ活動部隊」となる。省略して、現地では「ウィラーヤトゥルヒスバ」（Wilayatul Hisbah）、あるいは頭文字のWとHを取って「ウェーハー（ＷＨ）」と呼ばれるのが一般的である。前半の「ウィラーヤ（トゥ）」は、前章の「イスラーム国」の文脈では「州」を意味したアラビア語だが、ここでは同じ語源で「統治」を意味する。後半の「(ル)ヒスバ」は、もちろん本書で述べてきた、勧善懲悪にもとづいた取り締まりを指すイスラーム法学の用語である。正式名称からうかがえるように、ヒスバ警察はアチェ州の地方警察と併置された公的機関であり、この点を踏まえて本章では「ヒスバ警察」と呼ぶことにする。

現在のヒスバ警察は、書類上は二〇〇〇年の州法(第一条「一般原則」における第五項)において創設が定められた。そして二〇〇二年と二〇〇三年には、やはり州法によって活動の趣旨が次の通り定められている。

ヒスバ警察は、イスラームのシャリーアの実践を監督する任を負う機関である。

二〇〇二年州法、第一条「一般原則」一一項

ヒスバ警察は、勧善懲悪(amar makruf nahi mungkar)の実践を注意、指導、監督する任を負う機関であり、捜査の役割を担う。

二〇〇三年州法、第一条「一般原則」一一項

これら二つの条項を見れば、ヒスバ警察の役割が徐々に具体化されていることがわかる。また、ヒスバ警察が監督対象とするのが、二〇〇二年ではイスラームのシャリーア、すなわちイ

スラーム法の実践であるのが、二〇〇三年では「勧善懲悪」となっている。原語の綴りを見ればわかるように、これはアラビア語の「勧善懲悪」に由来するものである。

さらに二〇〇四年一二月には、州知事令によりヒスバ警察の役割が以下のように規定された。

（一）シャリーアに関連した州法についての指導や宗教的見解、及び情報の提供を市民に対して行う。
（二）シャリーアの定めが遵守されているかを監視する。
（三）シャリーアを犯した容疑のある者を戒め、注意を行い、また道徳的指導を与える。
（四）シャリーアを犯す疑いのある活動や行為の防止に努める。
（五）自治体の定例会議を通して違反行為の沈静を図る。
（六）シャリーアを犯した者を、被疑者に対する法的な捜査権限を持つ警察に引き渡す。

ヒスバ警察は二〇〇〇年の公式設立からしばらくの間、目立った活動はしていなかった。彼らが活発な活動を行うようになったのはこの二〇〇四年一二月の活動要領が定められてからである。

以降、当初はバンダ・アチェのみであったヒスバ警察がアチェ州全域に支部を設立し始めた。二〇〇九年までは先述のシャリーア庁の管轄下にあったが、同年以降は公安警察（satpol pp）と統合された。これによってヒスバ警察は、従来は市民と警察の橋渡し役であったが、警察の一部となり、文字通り行政機関としての警察となった。現在のヒスバ警察が、正式名称において州警察と併置されているゆえんである。

取り締まり対象

では、ヒスバ警察はどのような取り締まりを行っているのか。取り締まり対象となるのは、礼拝の不履行、服装、アルコール、売買春・婚外交渉、男女の交流、同性愛、麻薬、賭け事といった事案である。内容としては、サウジアラビアの勧善懲悪委員会や「イスラーム国」のヒスバ庁にも見られた、今日のヒスバの王道といえるものであろう。他方で、勧善懲悪委員会に見られた「道徳」や「マナー」といった事案は取り締まり対象とはなっていない。

以上の項目はおおむねアチェ州の刑法、二〇一六年州刑法第一章「一般原則」において明確に言及されている。その中からアルコール、性秩序・規範、賭け事に関するものを抜粋しよう。

（一）アルコール

第二一条　アルコール飲料（khamar）とは、中毒性のある飲料やアルコール二パーセント以上を含むものである。

第三七条　アルコールの取り扱いとは、アルコール飲料を製造、準備、所持、保管、交換するあらゆる行為である。

（二）性秩序・規範をめぐる問題

第二三条　密会（khalwat）とは、性別が異なる二名が密接した、あるいは閉ざされた状態、保護者（mahram）や婚姻状態がない状態で、双方が姦通に合意する意思を持った状態でいることである。

第二四条　未婚男女の交流（ikhtilath）とは、未婚の男女が双方の合意により、閉じられたあるいは開かれた場所で体を寄せ合ったり、手を握ったり、抱きついたり、キスをしたりなどの行為である。

第二六条　姦通（zina）とは、双方の合意により、未婚の男女二名あるいはより大勢による性交を行うことである。

第二七条　セクシャルハラスメント（pelecehan seksual）とは、公の場で性的な不品行な行為を男女の別なく他人に対して、その他人の合意なしに行うことである。

第二八条　男性の同性愛（liwath）とは、双方の合意の下、男性が自身のペニスを他の男性の肛門に挿入することである。
第二九条　女性の同性愛（musahaqah）とは、双方の合意の下、二名以上の女性が、性的興奮を得ることを目的に、互いの体や膣を触り合うことである。

（三）賭け事
第二二条　賭け事（maisir）とは、賭けの要素を含む、あるいは二人以上の間で交わされた運だめしを含む行為で、勝者が敗者から金銭を得るか特定の利益を直接ないしは間接的に得ることである。

以上の内容について、少し補足説明をしておきたい。まずアルコールについて、第二一条からは、中毒性が争点とされていることがわかる。麻薬のような薬物も中毒性のあるものとしてここに含まれる。なお、医療目的でのアルコール使用については、第三章「法的根拠」において、以下の通り定められている。

第一四条
第一項　医者の指示によりアルコールを含む中毒性物質を摂取することは治療の一環で

あり、刑罰の対象とはならない。

第二項　薬局、医者、病院がアルコールを扱い、販売することは、治療の一環であり、刑罰の対象とならない。

また、ヒスバ警察が行う勧善懲悪の取り締まり項目で目を引くのが、性秩序・規範に関するものの多さであろう。ここでは、「ハルワ」、「イフティラース」、「ズィナー」、「リワース」、「ムサーハカ」といった、アラビア語に由来した単語が見られる。ハルワとイフティラースは同じ子音を語根とする派生語であり、「隠とん」や「隠居」を意味し、清貧な生活を目指して俗世間から離れる修行僧のあり方などを指す場合もある。これらが転じて、男女が人目に触れない場所にいることを意味している。またズィナーはより直接に、合法的な婚姻関係以外での性交渉を指す語である。リワースは男性同士の同性愛を指し、少年愛の意味合いも含む。一方、ムサーハカは女性同士の同性愛を指し、同じ子音を語根とした「スィハーク」という派生形も用いられる。

なお第二三条にある「保護者」とは、やはりアラビア語に由来する「マフラム」であり、アチェ州の刑法「一般原則」第一条において以下の通り言及がなされている。

第二五項　保護者（mahram）とは、生物的な両親や継父母、子供、妻の養子など、結婚が禁じられている相手のことである。

マフラムと同じ語源である、「ハラーム」という単語を聞いたことがある人は多いだろう。ムスリムが食べることのできるものを「ハラール」（許された）と呼ぶのに対し、食べられないものを「ハラーム」（禁じられた）と呼んだりする。マフラムもやはり「禁じられたもの」を意味し、この条項では「（自分にとって結婚が）禁じられた」人、つまり親族を指す。

なお、「禁じられた」というのは、良いものにも悪いものにも使われる、価値中立的な表現である。たとえば豚肉について、これは食べることを禁じられているため、ハラームといい表すことに違和感はない。同じく、神聖なる事物に対して、これも冒瀆したり汚したりすることが禁じられるため、ハラームといい表すことは一般的である。たとえば聖地マッカの中心であるカアバ聖殿を取り囲むモスクは、ハラーム・モスク（マスジド・ハラーム）という名前である。この場合、ハラームは「聖なるもの」と理解され、日本語では「マッカの聖モスク」と紹介されたりもする。

話を戻そう。賭け事を意味する「マイスィル」も、アラビア語に由来する語である。そもそもイスラーム社会の賭け事とはどのようなものを想定しているかについて、クルアーンの中には次のような言及が見られる。

信仰する者たちよ、酒と賭け矢（maysir）と石像と占い矢は不浄であり悪魔の行いに他ならない。それゆえ、これを避けよ。きっとお前たちは成功するであろう。

第五章「食卓」九〇節

賭け矢とあるように、マイスィルとは本来イスラームが普及する以前のアラビア半島で行われていた矢を用いた遊びであり、これが現在では賭け事全般を指す語としても用いられる。金融業界では投機の意味を含む語としてマイスィルが用いられるが、これは投資に一種の賭け事としての要素があると考えるためであろう。

なお服装については、主として女性のヒジャーブを対象とした取り締まりが行われている。しかしこれについての明確な規定はない。女性に関しては髪の大部分は覆うものの、首から下は身体の線が見える細身の服装の女性も多く、ファッションを可能な範囲で楽しんでいる様子である。男性に関しても、膝上丈の半ズボンは忌避されるが、ノースリーブのシャツを着ている若者の姿は珍しくなく、労働者の中には上半身に衣服を身につけていない人々もいる。また、他の国内の町と同様、バンダ・アチェにも中国系の仏教徒が生活している。仏教徒の女性はイスラームにのっとった服装をしていないが、彼女たちの服装は取り締まりの対象外である。

3 ヒスバ警察の取り締まり

アチェ州では、地方警察が茶色、ヒスバ警察はカーキ、軍は緑という具合に、治安当局ごとに制服の色が異なる。ヒスバ警察は「ウィラーヤトゥルヒスバ」と書かれたカーキの軽トラックあるいは中型トラックに乗って、通常六人組で市中でのパトロールを行っている。彼らがアチェ州の各都市でどのようなパトロールを行っているのか、バンダ・アチェの事例を中心に説明していきたい。

州都バンダ・アチェ

まずはバンダ・アチェがどのような町であるかについて、少し紹介しておこう。バンダ・アチェはスマトラ島のイスラーム王朝であるアチェ・ダールッサラーム王国（一四九六〜一九〇三年）の首都であり、歴史ある都市として知られている。一六一二年、第一二代スルタンであった先述のイスカンダル・ムダの治世下で建てられたラヤ・バイトゥッラフマン・モスクは、今もバンダ・アチェのシンボルとして町の中心にある。二〇〇四年の津波の際には、周辺の建物のほとんどが流されてしまった中で、そのモスクだけが無事であった姿が映し出され、これは神の恩寵として現地の人々の心に刻まれた（写真５－３）。

現在のバンダ・アチェという名前は、当時の名称のバンダル・アチェから来ている。「バンダル」はアラビア語とペルシャ語に共通した語で、「港」を意味する。港とは文字通り、町が海に面しており、海上交易の要衝であったことに加え、かつて船でアラビア半島の聖地マッカに巡礼に向かう人々にとっての出発点であったことによる。現在は交通手段の発達によりマッカ巡礼の出発点としての役目は終えているものの、やはりインドネシアの中ではイスラームと深く結びついた町とのイメージが根づいている。

現在、バンダ・アチェは人口二〇万人を超えるアチェ州最大の都市であり、市の中心部には多くの飲食店やホテル、喫茶店がある。バンダ・アチェの男性の多くは喫茶店でコーヒーを飲み、時間を過ごすのが好きである。コーヒーはスマトラ島の名産品で、とくにジャコウネコの糞から採った「コピ・ルワク」（kopi luwak）は高級コーヒー豆として日本でも有名だ。もっとも、現地の人々が飲むのはそうした高級なものではなく、日本円にして一杯五〇円以下の安い豆である。金曜昼の集合礼拝の後、また休日には多くの人々がコーヒーを片手に友人同士で雑談に花を咲かせている姿が見られる。

またバンダ・アチェは、スマトラ島北部のサーファーの滞在拠点でもある。スマトラ島北部一帯は世界でも優良なサーフィンのスポットとして知られており、サーフィンの大会がある時期には、Ｔシャツとハーフパンツを着た長髪の欧米人サーファーの姿も町で見られる。

しかしこうした賑わいを除けば、バンダ・アチェは多くの外国人、とりわけ若い観光客にとって、娯楽のない退屈な町と映るかもしれない。一軒の小さなレストランを除き、町にアルコールを出す飲食店はない。さびれたゲームセンターが一軒あるものの、若者が集まっている様子はない。若いカップルは数少ないシックな内装の喫茶店やレストランで見つめ合っているが、フルーツジュースを飲んでフライドポテトを食べている姿は、日本でたとえれば付き合いたての中学生カップルのような初々しい、素朴なものだ。

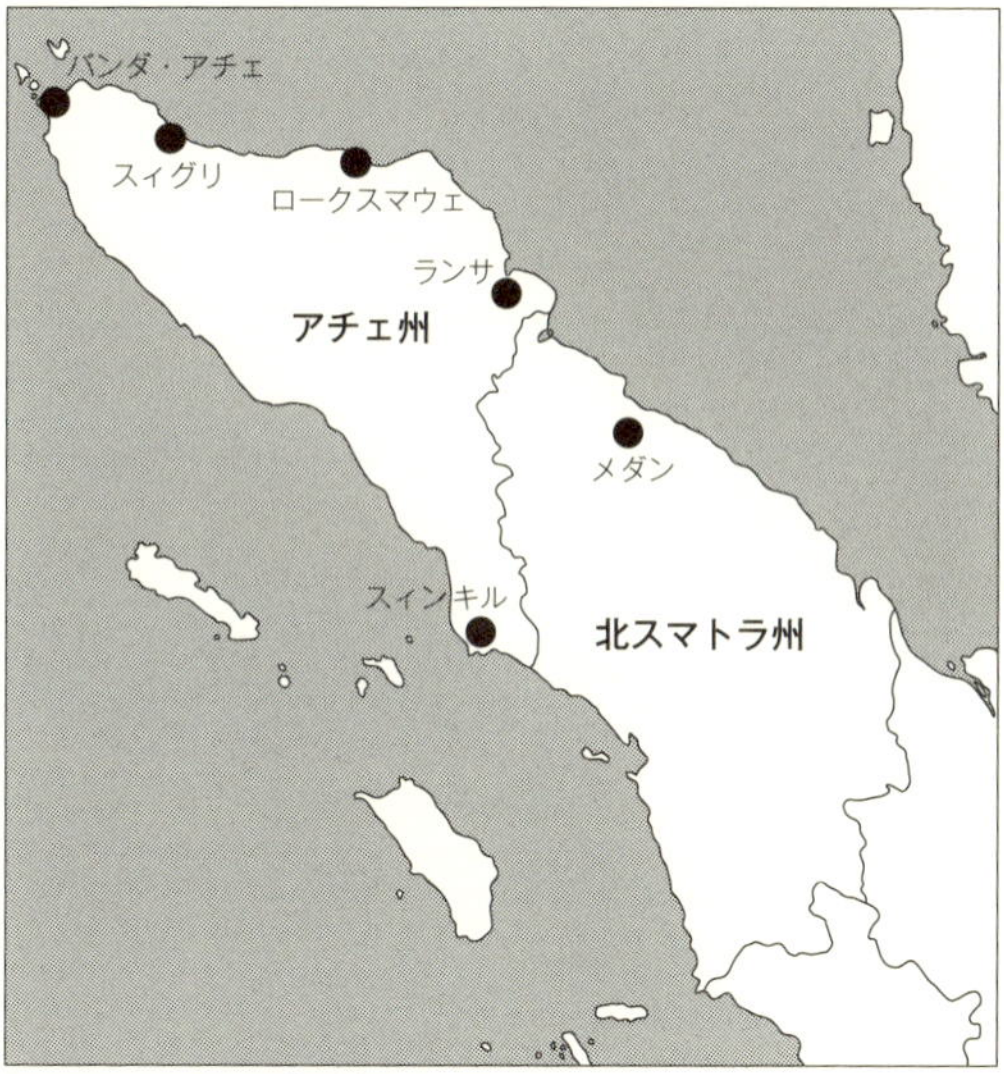

図5-3　スマトラ島北部

また、首都ジャカルタに見られるような、「マッサージ」や「カラオケ」と書かれた看板が並ぶ繁華街やダンスクラブなどはまったく見当たらず、遊びを覚えた若者や大人たちが好みそうな「ナイトライフ」は存在しない。

アルコールの取り締まり

では、ヒスバ警察の具体的な取り締

Mesjid Rahmatullah terletak sekitar 400 meter dari garis pantai Lampuuk Aceh Besar. Bangunan ini merupakan satu-satunya bangunan di Lampuuk yang selamat dari terjangan gelombang tsunami. Masjid ini kembali direnovasi dengan bantuan dari beberapa negara asing.
Rahmatullah Mosque is located approximately ± 400 meters from the Lampuuk Beach, Aceh Besar. This mosque is the only building that survived the wave of the tsunami at Lampuuk Area. This mosque was renovated by donors from foreign countries

写真5-3　ラヤ・バイトゥッラフマン・モスクの現在（上）と津波災害時（下）（下の写真は津波博物館の展示の一部）

まりの様子を見てみよう。バンダ・アチェのヒスバ警察は、市内を東西に走る大通り、州庁や裁判所などがある官庁街の一角にある。所轄警察署や交番はなく、職員数は筆者が訪問した二〇一六年一二月時点で七五人である。

まずアルコールの取り締まりについて紹介したい。今日のバンダ・アチェのアルコール事情については、二〇〇四年のスマトラ島沖大地震が深く関係している。地震・津波の後、先述した国際社会からの復興支援を受け入れるにあたり、バンダ・アチェとその周辺の町には多くの外国人技師や労働者が滞在した。その間、ホテルやレストランでは外国人向けにアルコールを提供するようになった。この時点で、現在のヒスバ警察の原型になる組織は存在したが、彼らも町の復興と風紀を天秤にかければ、アルコールの存在を認めざるをえなかった。

その後、次第に復興支援のために滞在する外国人の数が少なくなったため、警察はアルコール提供を認可制として、月々一五〇〇米ドルから二〇〇〇米ドルのライセンス料をホテルやレストランから徴収し始めた。これはヒスバ警察から飲食店の商売を守るための一種の「みかじめ料」のような意味を持っていた。しかし二〇一〇年前後になり、復興支援活動がおおむね終わった頃になると、警察はアルコールを提供する店に対して、ライセンス料の徴収を止める代わりにヒスバ警察から守らない旨を通達したという。こうした経緯を経て、今日では表向きにはどのホテルや飲食店もアルコールは提供しないことになっている。

バンダ・アチェの中心部には一軒のみ、アルコールを提供するレストランがある。アルコールはメニューに記載されていないが、この情報は世界に流通するガイドブックにも記載されており、地元の人々も知っている、いわば公然の秘密である。

このレストランではインドネシア料理の他、ステーキやハンバーガーといった洋食も提供している。筆者が訪れた限りでは、客の多くはサーフィンのために訪れた欧米の観光客や地元の中国系仏教徒である。欧米の観光客からすれば、高温多湿な気候の土地でスポーツを楽しんだ後、身なりや言動を気にせず、慣れ親しんだ味つけの料理を口にしながら、ビールで喉を潤すことができる憩いの場所なのだろう。

また中国系仏教徒の人々は、子供を伴った家族連れのケースが多い。彼らは必ずしもアルコールを嗜んでいるわけではないが、「特別な日」を過ごすための場所となっているようだ。日本円で一〇〇円相当のお金があれば食事と飲み物を得ることができる現地では、このレストランの食事の相場は五倍程度の価格である。内装もログハウスのような作りで、

写真5-4　バンダ・アチェの中心部の様子

インドネシアによくある「近所の食堂」という雰囲気ではない。彼らにとって重要なのはアルコールというより、そのレストランが持っている異国情緒だったり、あるいは中国系仏教徒といったマイノリティの人々が、イスラームのマナーやルールを気にせずに家族の時間を過ごせ

ることだったりするのだろう。

一方、決して多くはないが客の中には現地のムスリムの姿も見られる。彼らは大っぴらにアルコールを飲んでいるわけではなく、インドネシア料理を注文しており、単にいつもと異なる、高級な、落ち着いたレストランで食事を楽しみたいというのが主な目的と思われる。しかし中には会計時、店員にアルコールの「お持ち帰り」をお願いしている人もいる。店員はそれに応じ、酒を新聞紙に丁寧に包んだ上でビニール袋に入れて客に渡している。レストランの席は二〇人程度であるが、客として誰がいるかが把握できる程度の規模であることも、酒を持ち帰りたい人々にとっては好都合なのかもしれない。

性秩序・規範をめぐる取り締まり

続いて、性秩序・規範をめぐる取り締まりについて紹介する。先述したように、性秩序・規範をめぐる取り締まり事案は、密会、未婚男女の交流、姦通、同性愛と多種多様である。問題となるのは、未婚男女の交流については身体の接触、それ以外では性交渉の有無である。密会の場合は、性交渉については未遂であるものの、性交渉を前提として二人が閉じられた場所で会っていることが取り締まりの根拠となる。

市中では若い男女が特段臆することなく手をつないだり腕を組んだりし、レストランや喫茶店で食事や会話を楽しんでいる。先の州刑法第一章第二四条によれば体の接触は禁止されているものの、実際はこの程度なら取り締まりの対象とはならない。しかし男女が隠れて、あるいは暗がりで会っていたりすると、性交渉を行う疑いのある「不適切」なカップルとして、取り締まりの対象となってしまう。これにあたり、ヒスバ警察は郊外の暗がりの道や夜の港などに赴いてパトロールを行っている。また市内のホテルを一軒一軒周り、男女同室の宿泊客の身元を確認する。同室に泊まっている男女の部屋を訪問し、関係を尋ねた上で、親族でない場合は「不適切」なカップルとして拘束する。

組織犯罪であることが多い売買春に関しては、一般警察との協力で捜査されるケースもある。郊外のエステサロンや美容院には、その実態が風俗店舗であるケースがあり、ヒスバ警察はこれらの店舗を摘発し、経営者や従業員を拘束する。

なお婚外交渉については、通報した市民にヒスバ警察から二〇万ルピアから五〇万ルピア（日本円にして一六〇〇円から四〇〇〇円相当）の謝金が支払われることもあり、実際のところほとんどの摘発が「タレコミ」によるものだともいわれる。ホテルでは従業員が、アパートやマンションでは近隣住民が、宿泊客や住民の婚外交渉をヒスバ警察に通報するという。こうしたタレコミの動機については、宗教上の使命感であったり、治安上の不安であったり、また嫉妬であるとの声も人々の間では聞かれる。

各都市での取り締まり

バンダ・アチェ以外の町についても見てみよう。まずはバンダ・アチェに隣接するピディー県の県都、スィグリ（Sigli）である。スィグリは人口約二万三〇〇〇の小さな都市で、バンダ・アチェから車で山道を通り、三時間ほどで到着する。かつては港湾都市として賑わいを見せたが、地震や津波の影響で漁港が破壊され、現在ではこうした活気は見られない。

写真5-5　スィグリの大モスク

スィグリのヒスバ警察には男女三〇人が勤務している。主たる取り締まり事案は賭け事と未婚男女の交流で、後者についてはバンダ・アチェ同様、海辺で重点的にパトロールが行われる。スィグリではムフタスィブ（muhtasib）と呼ばれる私服職員が周辺の村落で秘密裏に捜査を行い、警察本部に通報している。ムフタスィブとはもちろん、イスラーム法学にもとづいてヒスバの実践を担う官吏を指すが、今日では同語がヒスバ警察の職員の呼称として用いられることはなく、スィグリの例はこの点において珍しい。

ヒスバ警察の統計資料によれば（表5－1、表5－2）、検挙実績を見る限り、賭け事を除く風紀の乱れはわずかといえる。しかし、ここ数年で検挙数が増加の傾向にあり、とくに姦通については、スィグリでヒスバ警察の取り締まりがはじまって以降、二〇一七年に初めて検挙実績が上がった。このため、ヒスバ警察の間では市中の風紀が乱れ始めているとの認識が強まっている。

スィグリよりさらに東に、車で四時間ほど進むと、ロークスマウェ（Lhokseumawe）という町がある。ロークスマウェはバンダ・アチェと隣州北スマトラ州（Sumatera Utara）の州境との中間に位置し、人口一八万強を擁するアチェ州第二の都市である。一六世紀よりマラッカ海峡交易の要衝として発展したが、やはり地震と津波の影響もあり今日では目立った役割を果たしていない。

ロークスマウェのヒスバ警察には男女四〇人が勤務し、海辺や市内のホテル、エステや喫茶店を中心にパトロールを行っている。主たる取り締まり事案は男女の密会と酒類で、後者については密輸が問題となっている。この背景には、ロークスマウェが北スマトラ州に比較的近く、さらに州境で検問がないことが要因として挙げられる。かつては北スマトラ州からアチェ州に入る箇所に検問所があり、麻薬や人身売買の捜査とあわせて酒類が押収されていた。しかし、検問所設置のための人件費や検問実施による渋滞などを考慮して、二〇〇七年頃には長距離バスだけが検問の対象となり、次第に検問自体がなくなった。

では、北スマトラ州により近い町の様子はどうなのか。ロークスマウェよりさらに東に一五〇キロほど、約四時間移動した場所にランサ（Langsa）という町がある。北スマトラ州との

表5-1　スィグリにおける2016年の捜査実績

事案	回数	対象	対応
通常パトロール	1,082	673人	助言、警告、指導
政府職員の捜査	48	136人	〃
学生の捜査	156	340人	助言、学校への送還
露天商の捜査	104	53店	警告、撤去
建築許可の捜査	24	87棟	助言、警告、撤去
喫茶店の捜査	61	101人	助言、警告、検挙
エステ・ホテルの捜査	52	27人	〃
観光地・公園の捜査	50	77人	〃
畜舎の捜査	132	牛69頭 山羊211頭	警告、罰金
シャリーア庁への捜査	96	646人	助言、警告、検挙
宗教祝祭日及び国定休日の捜査	18	42人	助言、指導

表5-2　スィグリにおける2014〜2017年8月の検挙実績

事案	2014年		2015年		2016年		2017年	
	件数	人数	件数	人数	件数	人数	件数	人数
アルコール	0	0	0	0	0	0	0	0
賭け事	2	24	6	58	5	33	7	37
密会	0	0	1	2	3	8	0	0
未婚男女の交流	0	0	0	0	2	4	2	4
姦通	0	0	0	0	0	0	1	2

境から三〇キロほどの距離にあるランサのヒスバ警察には、男性五二名と女性九名の合計六一名が勤務し、飲酒や賭け事（ポーカーなど）、男女の姦通や密会を取り締まっている。筆者が面会した男性職員によれば、以前は慣習として見られなかった夜間の音楽祭のような催しが増え、これはメダンのような北スマトラ州の都市部の文化が流入してきたからだという。

北スマトラ州に近くても、メダンのような大都市から離れた町では事情が異なる。ランサの反対側、つまりスマトラ島の西側にスィンキル（Singkil）という町がある。小さな港町で、ヒスバ警察の職員数も二八名と決して多くはない。クロコダイルウォッチングや、マリンスポーツで人気のバニャ島（Pulau Banyak）の玄関口として知られており、日本でいえば沖縄の離島を思わせる素朴な雰囲気が残っている。町の中にいわゆる娯楽施設の類は存在せず、人々は浜の木陰でコーヒーを飲んだり、波止場で投げ釣りをしたりして余暇を過ごしている。

スィンキルはメダンとの間に山間部を挟むため、バスで移動すれば一〇時間近くかかる。そのため風紀を乱すような文化の流入は少ないといわれ、たとえば飲酒に関しても、隣州からビールを密輸するのではなく、トゥアク（tuak）と呼ばれるヤシから作った醸造酒を嗜むケースが多い。

なお、スィグリ同様、ランサやスィンキルでも私服職員が身分を隠して市民と交流し、捜査を行っている。彼らは「インテリジェンス」を縮めた「インテル」（intel）との名称で呼ばれている。人数は少ないものの、インテルは市民が行う酒の密造や賭け事の現場を撮影した上でヒスバ警察に通報し、取り締まり活動に大きな貢献を果たしている。

写真5-6　スィンキルのヒスバ警察署

4　市民とヒスバ警察

サウジアラビアの勧善懲悪委員会や「イスラーム国」のヒスバ庁と同様、アチェ州のヒスバ警察もアルコールや性秩序・規範をめぐる問題といった、日常の風紀にかかわる事案を中心に取り締まりを行っている。しかしながら、女性の服装規定については厳密な規定が存在しない。また歌舞音曲などの娯楽についても取り締まりの対象とはなっておらず、全体として、サウジアラビアや「イスラーム国」の取り締まりと比べて「ゆるさ」が見られる。

では、サウジアラビア社会で見られたような、取り締まる宗教警察と取り締まられる人々との間の緊張や対立はアチェ州にはないのか。確かにアチェ州において、ヒスバ警察の不祥事や、ヒスバ警察と一般市民とのトラブルは日常的な話題とはなっていない。だとすると、人々はヒスバ警察をどのような存在として見ているのか。この点を探るために、まずはごく単純に、ヒスバ警察に捕まったらどうなるのかについて確認したい。

イスラーム法廷の刑法

ムスリムがアルコールを飲んだり、配偶者以外の相手と性交渉をしたり、賭け事をすれば、彼らはヒスバ警察に拘束され、イスラーム法廷で裁かれる。これに鑑み、アチェ州の刑法について簡単に触れておきたい。

まず刑法は、以下の通りの分類がなされている。

第二章　細則

第四条

第一項　刑罰はハッド刑（固定刑）とタアズィール刑（裁量刑）からなる。

第二項　ハッド刑は鞭打ちとする。

第三項　タアズィール刑は基本刑と追加刑からなる。

第四項　タアズィール刑の基本刑は鞭打ち、罰金、懲役、賠償である。

第五項　タアズィール刑の追加刑は国による指導、保護者に対する賠償、保護者への送還、夫婦の離縁、権利の剝奪、差し押さえ、社会奉仕活動である。

第六項　タアズィール刑の追加刑は裁判官の裁量によって科される。

第七項　さらなるタアズィール刑の追加刑は州の規定による。

このようにアチェ州のイスラーム法廷の刑法では、ハッド刑とタアズィール刑という、イスラーム法学にもとづいた二つの刑罰が採用されている。なお二つについては、それぞれ以下の通り定義されている。

第一章　一般原則

第一八条　ハッド刑とは、その形態と程度が法によって明確に定められているもの。

第一九条　タアズィール刑とは、形態と程度が法によって選択されるもの。

刑罰の内容についてはハッド刑が鞭打ちと定められており、これにタアズィール刑による鞭打ちや罰金、また禁固刑などが加算される。アチェ州のイスラーム法廷では極刑は存在せず、これは「イスラーム国」のケースと比べれば、決定的な違いといえよう。

また、イスラーム法にもとづいた刑罰の適用対象については次の通り定められている。

第二章　細則

第五条　本法律の適用対象は以下の通りである。

第一項　アチェ州で罪を犯したすべてのムスリム。

第二項　アチェ州で罪を犯した非ムスリムはイスラーム刑法の対象となることを選択することができる。

第三項　非ムスリムは他の刑法によって裁かれることはないが、世俗法（カーヌーン）

の範疇で裁かれる。

第四項　アチェ州にある企業。

刑罰の対象は原則としてムスリムであり、非ムスリムは自らの意思によって、イスラーム法廷で裁かれるか、世俗法（カーヌーン）で裁かれるかを選び取ることができる。

アルコールに対する刑罰

では、アルコールや婚外交渉といった「罪」に対して具体的にどのような刑罰が科されるのか。まずはアルコールについて見てみたい。刑法第四章「犯罪と刑罰」において、アルコールに関する犯罪への刑罰は次の通り定められている。

第一五条

第一項　意図的にアルコールを摂取したものはハッド刑による四〇回の鞭打ち。

第二項　第一項の犯罪を繰り返した者はハッド刑による四〇回の鞭打ちに加え、タアズィール刑による四〇回以下の鞭打ち、あるいは純金四〇〇グラム以下の金、あるいは四〇か月の懲役。

第一六条

第一項　意図的にアルコールの生産や販売や輸入をした者は、タアズィール刑による六〇回以下の鞭打ち、あるいは純金六〇〇グラム以下の罰金、あるいは六〇か月の懲役。

第二項　アルコールの売買や密輸を意図して行った者は、タアズィール刑による二〇回の鞭打ち、あるいは純金二〇〇グラムの罰金、あるいは二〇か月の懲役。

第一七条

第一五条と第一六条の犯罪に意図的にかかわった者は、子供を含めてタアズィール刑による八〇回以下の鞭打ち、あるいは純金八〇〇グラム以下の罰金、あるいは八〇か月以下の懲役。

この通り、ハッド刑が確実に科されるのは第一五条で言及される「意図的に摂取する」場合のみであり、密輸や販売といった関与はすべてタアズィール刑の対象となっている。ただし、ハッド刑よりもタアズィール刑の方が軽いというわけではなく、第一六条を見ればわかるように、意図的にアルコールを摂取するより、それを流通させた方が裁量によっては重刑となりうる。

賭け事に対する刑罰

続いて、賭け事に対する刑罰を見てみたい。賭け事に対しては次の通り刑罰が定められている。

第一八条
純金二グラム以下を賭けて賭け事を意図的に行った者は、タアズィール刑による一二回以下の鞭打ち、あるいは純金一二〇グラム以下の罰金、あるいは一二か月の懲役。

第一九条
純金二グラム以上を賭けて賭け事を意図的に行った者は、タアズィール刑による三〇回以下の鞭打ち、あるいは純金三〇〇グラム以下の罰金、あるいは三〇か月の懲役。

第二〇条
意図的に賭け事を幇助、組織、運営するなどした者は、タアズィール刑による四五回以下の鞭打ち、及び（あるいは）純金四五〇グラムの罰金、及び（あるいは）四五か月の懲役。

第二一条
意図的に賭け事にかかわり、子供を参加させた者は、タアズィール刑による四五回以下の鞭打ち、あるいは純金四五〇グラムの罰金、あるいは四五か月の懲役。

第二二条
賭け事を企てた者は〔第一八条から第一九条の〕最大半分の量刑に処す。

この通り、賭け事に対する刑罰はすべてタアズィール刑である。アルコールの場合同様、組織・運営といった、社会にその習慣を流通させる行為に対しては刑罰の程度が重くなる特徴が見てとれる。

性秩序・規範をめぐる事案に対する刑罰

最後に、性秩序・規範をめぐる事案に対する刑罰を、密会、未婚の男女交流、姦通の順に確認しよう。

第二三条

第一項　意図的に密会を犯したものは、タアズィール刑による一〇回以下の鞭打ち、あるいは純金一〇〇グラムの罰金、あるいは一〇か月の懲役。
第二項　意図的に密会を運営し、促進したものは、タアズィール刑による一五回以下の鞭打ち、及び（あるいは）純金一五〇グラムの罰金、及び（あるいは）一五か月の懲役。

第二五条
第一項　意図的に男女交流を行った者は、三〇回以下の鞭打ち、あるいは純金三〇〇グラム以下の罰金、あるいは三〇か月の懲役。
第二項　意図的に男女交流を組織した者は、四五回以下の鞭打ち、及び（あるいは）純金四五〇グラム以下の罰金、及び（あるいは）四五か月の懲役。

第二六条
意図的に男女交流にかかわり、一〇歳以上の子供を参加させた者は、四五回以下の鞭打ち、あるいは純金四五〇グラム以下の罰金、あるいは四五か月の懲役。

第二七条

意図的に男女交流を、女性側の保護者の協力を得て行った者は、第二五条の刑罰に加え、純金三〇グラム以下の罰金、あるいは三か月の懲役。

第三〇条

第一項　他人の男女交流を証拠無しに訴える者は、タアズィール刑による三〇回以下の鞭打ち、あるいは純金三〇〇グラム以下の罰金、あるいは三〇か月の懲役。

第二項　男女交流を繰り返す者は、タアズィール刑による四五回以下の鞭打ち、及び（あるいは）純金四五〇グラム以下の罰金、及び（あるいは）四五か月以下の懲役。

この通り、密会と男女交流はハッド刑の対象ではなく、すべてタアズィール刑の対象である。密会については性交渉を意図したという前提ではあるが、性交渉自体については未遂なためか、アルコールや賭け事と比べて刑罰が軽い。ここでもやはり、個人同士の行為より、社会にそれを流通させる行為の方が重刑となる。

これに対し、姦通についてはは次の通り、ハッド刑の対象となる。

第三三条

第一項　姦通を犯した者は、ハッド刑による一〇〇回の鞭打ち。
第二項　姦通を繰り返した者は、ハッド刑による一二〇回の鞭打ち、及びタアズィール刑による純金一二〇グラムの罰金、あるいは一二か月の懲役。
第三項　姦通を幇助した個人あるいは企業は、タアズィール刑による一〇〇回以下の鞭打ち、及び（あるいは）純金一〇〇〇グラムの罰金、及び（あるいは）一〇〇か月以下の懲役。

第三四条
青少年との淫行を行った大人は第三三条のハッド刑に加え、タアズィール刑として一〇〇回以下の鞭打ち、あるいは純金一〇〇〇グラム以下の罰金、あるいは一〇〇か月以下の懲役。

第三五条
意図的に姦通にかかわり、保護者との協力を得て行った者は、第三三条のハッド刑に加え、タアズィール刑による純金一〇〇グラム以下の罰金、あるいは一〇か月以下の懲役。

この通り、性交渉に至っていない密会や、性交渉を必ずしも前提とはしていない男女交流と比べ、姦通に対する刑罰はハッド刑においても追加のタアズィール刑においても重刑である。一方、第三三条第三項にあるように、自身が姦通を行わず、これを幇助する行為についてはハッド刑の対象外であり、社会に浸透させる行為に対して厳しいこれまでの刑罰とはやや向きが異なる。ただし、姦通の幇助は最大での鞭打ちの回数こそ姦通と同様の一〇〇回であるが、罰金や禁固刑は個人による姦通の再犯の場合に科されるタアズィール刑（第三三条第二項）と比べてはるかに重い。タアズィール刑において社会への影響力の多寡が考慮されている点は、姦通についても同様である。

被る制裁

ヒスバ警察は被疑者を最大一五日間、勾留することができる。たとえばバンダ・アチェのヒスバ警察の地下にある留置所は、男女別に一部屋ずつ、合計二部屋ある。それぞれタイルにスポンジマットが敷かれた部屋は、詰めれば一五人くらいは寝られそうな広さである。鉄格子がはめられた窓が一つあるだけだが、トイレと水道があり、洗濯物を干すための中庭に出ることもできる。食事は一日三食出され、テレビはないが煙草は自由に吸うことができる。ただし二つの部屋は鉄製の扉で仕切られており、被勾留者の男女間の接触は不可能である。家族や友人は、氏名・住所・電話番号・職業・面会目的・被勾留者名を記入の上、面会が許される。

筆者はヒスバ警察を訪れた際、この留置所の見学を促された。当然、留置所には誰もいないから見学を許していると思っていたら、男女それぞれ四人ずつが勾留中であった。被勾留者の写真は撮らないよう指摘されたが、会話は許された。勾留の容疑はなにかと刑務官に尋ねると、密会により「不貞（mesum）」を働いたとのことである。

写真5-7　バンダ・アチェのヒスバ警察内の留置所の様子

勾留期間を経て、被疑者はイスラーム法廷による裁判を受け、先に紹介した刑法にもとづいて罰を受ける。しかし実のところ、イスラーム法廷による身体刑を恐ろしいと思っている人は多くない。まずもって、すでに見てきたように、アチェ州のイスラーム法廷では身体刑は鞭打ちのみである。頻繁に極刑が行われた「イスラーム国」と比べれば、刑罰としての軽さは明らかである。加えて、鞭も、本来であれば第1章で紹介したハディース（アブー・バクルによる四〇回の鞭打ち刑の執行）にならってナツメヤシの木から作られるが、アチェでは籐《とう》を材料とする。籐製の鞭による刑執行は布団を叩くように肩甲骨部分を打つもので、せいぜい布団叩きで殴るような程度の痛みである。これ

写真5-8　バンダ・アチェの南にある大アチェ県（アチェ・ベサル）で執行された鞭打ち刑について報じる地元紙

に関するヒスバ警察側の理解は、「罰するべきは身体ではなく恥」だというものである。鞭打ち刑の意図は被疑者に身体的苦痛を与えることでは決してなく、彼らの信仰における不名誉を戒めることなのだ。

しかしながら、このことがイスラーム法廷の刑罰に対する軽視につながっている面もある。二〇一七年三月、中国系仏教徒の男性が闘鶏賭博を行った罪状でイスラーム法による刑罰を選んだことが話題となった。州刑法にもとづき、非ムスリムはイスラーム法廷か世俗法廷かを選択できる。通常、非ムスリムの被疑者は世俗法による刑罰を選択するが、この仏教徒の場合は鞭打ちが「手っ取り早い」という理由でイスラーム法廷を選んだとされる。

ただし、身体刑が軽微なものだからといって、ヒスバ警察に拘束されることによる制裁がないわけではない。ヒスバ警察に拘束されることで受ける最大の損害は、ヒスバ警察から地元新聞への通報により、被疑者の顔写真と罪状が早ければ翌日の新聞に掲載されることである。このケースは、とりわけ婚外交渉において発生し、男性も女性も、素性とともに犯罪行為が地元に広く知れ渡る。これによって、学生であれば退学処分、社会人であれば解雇とされる例があり、被疑者にとってはまさに人生が狂うことになる。加えて受刑後、彼らが周囲の好奇の目にさらされ、親族も場合によっては世間からの中傷を受けることも少なくない。

ヒスバ警察によれば、地元新聞への通報は新たな犯罪の発生を防止するためだという。確かにこうした意義は犯罪報道において認められる。しかし本来、犯罪は罪を犯した個人が司法による制裁を受けるべきで、メディアによって社会的制裁を受けるのは不当でもある。これについては日本における犯罪報道にも当てはまり、加害者の経歴や家庭環境などについて詳細が語られることで、加害者が定められた量刑以上の様々な「罰」を負うことはそう珍しくはない。犯罪報道の本来の役割は、犯罪がなぜ起こったのかを社会に求めることにあるが、ヒスバ警察の通報によって公開される鞭打ち記事では、なぜ今この場所で、このような犯罪が起こったのかを問うような姿勢や問題提起は見られない。これでは一種の「見せしめ」ともいえる。

二〇一八年四月、アチェ州知事令によって、今後は鞭打ち刑をヒスバ警察の建物内で執行し、非公開とすることが決定した。この決定の背景は、先に述べたように、鞭打ち刑の公開によって被疑者が刑罰以上の制裁を被るため、さらに外国のメディアや観光客が刑執行を撮影し、その様子が世界中の人々に知られることで、アチェ州の統治が奇異な目にさらされる事態への考慮があった。さらに、公開の場合の人件費やステージ設営のための費用の節約も、同決定を後押しした要因といわれる。

これによって、鞭打ち刑の受刑者が法定刑以上の制裁を社会から被る事態は今後少なくなると予想されるが、鞭打ち刑の非公開の決定に反対する人々もいる。彼らは、州知事が刑公開の反対派に及び腰になったと批判するが、「要するに皆、どんな奴らがセックスをしたのか、顔を見たいのさ」と揶揄する声も聞かれ、州知事令が及ぼす人々の意識に対する今後の影響は一様ではなさそうだ。

ヒスバ警察と市民

最後に、ヒスバ警察はアチェ州の市民とどのような関係を築いているのかを考えたい。すでに述べたように、ヒスバ警察の取り締まりは州法の中で明確に定められた事案に限られている。このため、サウジアラビアの勧善懲悪委員会のようないいがかりとも思える疑いを市民に向けるものや、「イスラーム国」のヒスバ庁のような激しい暴力を伴うものともならない。先ほど述べた社会的制裁への恐怖はさておき、ヒスバ警察を過剰に恐れたり、あるいは敬ったりする向きは市民の間で強くない。

むしろ中には、ヒスバ警察を卑下する人が少なくない。この背景には、ヒスバ警察の専門性に関する問題がある。一部の市民の間には、ヒスバ警察は幹部こそ学識があり、イスラームやシャリーアについても詳しいが、パトロールをしている「ヒラ」の職員はそうではないと見ている人もいる。実際のところ、ヒスバ警察は大学でイスラーム教育を受けた人々を、筆記試験と面接試験の双方を課した上で採用しているが、一般の警察や他の公務員職に比べて給料が低く、そのため優秀な人材ほど離職する傾向がある。筆者が面会した現地の年配の大学教授は、「ヒスバ警察は二年ごとに総替えになっているんじゃないかな」と笑いながら話していた。総替えというのは冗談にしても、バンダ・アチェのヒスバ警察の職員の中には、この二年でヒスバ警察に転職したという人物が二人いた。前職は一人が州庁、もう一人がシャリーア裁判所である。彼らは人材不足で出向を依頼され、ヒスバ警察に勤めているのだという。

こうした背景もあり、筆者が喫茶店で会った若者たちも「ヒスバ警察なんてどうでも良いよ(acuh)!」と笑い飛ばしていた。スマートフォンでSNSに興じたり、喫茶店でサッカー観戦したりするのを邪魔されるのでもない限り、彼らにとってヒスバ警察は特別に煩わしい存在ではなく、気にするだけバカだといったようなニュアンスである。一方、年配の人々は、「若者たちは集団でいるからそんな粋がった発言をしているだけ。ヒスバ警察は実際に権力を持っているのだから」と、慎重な見方をしている。薄給で専門性も低下しているとされるヒスバ警察に対して、軽蔑にも近い見方を持っている若者たちに対して、年配の人の中には、ならば若者はヒスバ警察より高給取りで、教育レベルも高いのか、と反論する人もいる。

またなにより、年配の人々の中には、ヒスバ警察の取り締まりによって町の治安が良くなったという認識を持っている人が少なくない。先述したように、アチェは独立運動とスマトラ島沖大震災を契機に、イスラームにのっとった社会形成を進めてきた。当時を知る人の中には、地震・津波の影響、またインドネシアと合併したことで起こった社会の変化に際してヒスバ警察が治安維持に貢献したこと、さらに現在においても、アルコールや売買春といった犯罪がヒスバ警察の存在によって防がれているという実感がある。

こうした肯定的評価もあってか、ヒスバ警察と市民とのトラブルは非常に少ない。ヒスバ警察が市民に暴力を振るうといったことはきわめてまれで、取り締まる際も執拗に追跡したりはしない。サウジアラビアの勧善懲悪委員会に関しては、暴力を伴う過剰な取り締まりが委員会への不信感を強め、外国人の間ではサウジアラビアをめぐる「悪評」の一因になった。さらには、それがヒスバ制度の意義そのものに対する疑問ともなった。しかしバンダ・アチェのヒスバ警察は、一部の人々に恐れられ、あるいは鬱陶しい存在と見られることはあっても、不当な存在と見られる向きはない。

もっとも筆者の印象では、バンダ・アチェをはじめとして、アチェ州の場合、「ガス抜き」

写真5-9　ランサのヒスバ警察署

が容易であるという点が、市民がヒスバ警察を目の敵にしない一つの要因であるように思われる。ヒスバ警察はアチェ州固有のものであるため、一度州を出てしまえば、彼らの取り締まりを逃れることができる。「アルコールをはじめ、なんでもあるから」と、週末を隣の北スマトラ州のメダンで過ごす人もいる。バンダ・アチェからメダンへは空路であれば一時間以内、陸路であればバスで一〇時間ほどである。いずれもちょっと近所に出かける感覚では無理だが、「ガス抜き」するには国境を越えなければならないサウジアラビアや、命を危険にさらす覚悟がなければ支配領域から出られなかった「イスラーム国」と比べれば、市民はヒスバ警察による取り締まりが存在する日常を、自身の生活の大半ではあるがすべてではないと思えるのである。

ヒスバ警察でも、イスラーム法を遵守して生きるかどうかは結局のところ個々人の内面の信仰における問題であり、取り締まって刑罰を与えることでなにもかもが解決するわけではないと認識している人々が多い。アチェ州の町で敬虔な生活をしていてもメダンに酒を飲みに行く人はおり、その中にはイスラームを、アチェ州のみの条例のように捉えている人もいる。ヒスバ警察にしても行政機関としての立場から、アチェの市民をメダンまで追いかけて取り締まる権利や義務はない。彼らが取り組むのは風紀の形成と維持を通して、自分たちの社会（アチェ州）の聖性を守ることなのである。

終 章
勧善懲悪について振り返る

イスラーム社会の人間集団において義務行為が行われ、禁止行為が防がれるための一種の相互監視の教えを、クルアーンを典拠に勧善懲悪と呼ぶ。宗教警察とは、この勧善懲悪の教えにもとづいて義務行為が行われるよう、禁止行為が防がれるよう、社会において風紀取り締まりを行う人々である。本書ではサウジアラビア、「イスラーム国」、インドネシア・アチェ州を舞台に、今日のイスラーム社会における宗教警察の実態について明らかにしてきた。

本書冒頭で述べたように、イスラーム社会の宗教警察については、女性の服装や異教徒の習慣を取り締まるといった活動が単発的に報じられることで、日本でもなんとなくはその存在が知られている。しかしそうした報道の多くは、こんな時代錯誤な習慣が存在する、こんな野蛮な人々が存在するといったメッセージ性が強い。この結果、宗教警察は宗教の名を騙って市民に暴力を振るう恐ろしい人々、また現実社会を理解しない妄信的な、あるいは滑稽な人々というイメージを持たれている。もちろん、当該社会の人々の中にも宗教警察に対してこうしたイメージを持っている人々がおり、暴力的で妄信的な宗教警察の描かれ方が全面的に誤っているとはいえない。しかしながら、彼らの宗教警察に対する否定的な見方がイスラームそのものの否定とは限らない（むしろ逆である）のに対して、外国の報道に見られる宗教警察への否定的な見方が、イスラームそのものの異質性を強調しうる点において、両者は決定的に異なる。

これを受けて、本書では宗教警察の成り立ちや行動原理、さらに宗教警察の当該社会での役割を通して、宗教警察が一体どのような人々なのかを説明することに努めてきた。その結果については事例ごとに本書の中で述べてきた通りだが、ここで改めて、宗教警察の本質にかかわる部分について述べておきたい。

宗教警察の大義が「正しいイスラーム」社会の形成と維持にあることは本書で繰り返し述べてきた。一方、本書で取り上げた国・地域で宗教警察が誕生した背景には、サウジアラビアはワッハーブ主義による国家建設、「イスラーム国」はカリフ制の再興、アチェ州はインドネシア政府からの分離独立闘争とそれへの反省を経た社会形成という、政治イデオロギーとその実現に向けた運動があった。この点、宗教警察とその風紀取り締まりの基礎となる勧善懲悪は政治思想としての性格を持っている。

この性格が強く表れている国としてイラン・イスラーム共和国が挙げられる。イランでは一九七九年の革命による建国以来、やはり「正しいイスラーム」社会の形成を目指す中で、行政主導の風紀取り締まりが行われている。本書では筆者の専門内容に鑑み、イスラーム・スンナ派社会の思想伝統にもとづいた宗教警察の事例を取り上げてきた。イスラーム・シーア派の思想伝統の上に成り立ち、中東地域の大国の一つであるイランについてここで詳細に語る力量は残念ながら今の筆者にはないが、宗教警察の存在について考えるための一助とするべく、わずかながらイランにおける勧善懲悪の理解について紹介したい。

ここで参考にしたいのは、イランの初代最高指導者を務めたルーホッラー・ホメイニー（一九〇二～一九八九年）による勧善懲悪の理解である。一九七九年一月から二月、イランでは市民

写真6-1　イラン中部のホメイン市にあるホメイニーの生家。今は同市を代表する観光地ともなっている

による大規模なデモを経てパフレヴィー王政が倒れた。いわゆるイラン革命である。そして、かつて王政批判を繰り返し、国外追放となっていたイスラーム法学者であるホメイニーが帰還し、その後に誕生したイラン・イスラーム共和国の指導者となったことはよく知られている。そのホメイニーをはじめとして、イランの名のあるイスラーム法学者たちは、教学書の中で勧善懲悪について頻繁に言及している。イランでは「勧善懲悪」を、ペルシャ語でアムレ・べ・マアルーフ・ヴァ・ナヒー・アズ・モンケルといい、これはアラビア語のものと語源においても意味においても同じである。

ホメイニーは、この勧善懲悪の実践にあたり、いくつか独自の見解を主張している。本来、他人に善行を促し、悪行を働くのを防ぐという勧善懲悪が義務づけられるには、以下の四つの条件を必要とする。ある人物Aと、別の人物Bがおり、AがBのなんらかの行為を目撃したと仮定して見てみよう。

（一）Aは、Bの行為が悪行、つまりイスラームに反した行為だと知っている。この場合、AにとってBの行為を防ぐことは義務となる。反面、AがBの行為について、それが悪行かどうか判断できない場合、AにとってBの行為を防ぐことは義務とならない。

（二）Aは、自らの助言や行動によって、Bの悪行を防げる可能性があると理解している。この場合、AにとってBの行為を防ぐことは義務となる。反面、Aが、自らの助言や行動がBの悪行を防ぐにあたっていかなる効果も持たないと知っている。この場合、AにとってBの行為を防ぐことは義務とならない。

（三）Bは、自らの悪行を継続して行う意思を持っている。この場合、AにとってBの行為を防ぐことは義務となる。反面、Bはその悪行を止める意思を持っている。そしてそれを二度と行わない、あるいは二度と行うことができない状態にある。この場合、AにとってBの行為を防ぐことは義務とならない。

（四）Aは、Bの悪行を防ぐにあたり危険を伴わない。この場合、AにとってBの行為を防ぐことは義務となる。反面、Bの悪行を阻止しようとすれば、A、またはAの近親者、友人、あるいは第三者（他の信徒）が、生命を奪われる、経済的に破滅する、または多大な不名誉を被る。この場合、AにとってBの行為を防ぐことは義務とならない。
M. H. Falah-Zadeh, Joseph Ali (trl.), *A Guide to Religious Laws*, Ansariyan Publications, 2005, pp. 196-197

これらの条件を眺めると、勧善懲悪には、実のところ多くの免責条件があることがわかる。自分は善悪を判断できるほど賢くない。自分は人を導いたり諫めたりができるような威厳はない。自分はこの人が本当に悪行を止めるかどうか見抜けるような洞察力がない。報復が怖い。多少の謙遜や躊躇があれば勧善懲悪の義務からはいくらでも逃れられそうだ。

これに対してホメイニーは「見て見ぬ振り」を認めず、勧善懲悪の義務の度合いを強めようとした。彼は勧善懲悪の実施を次の三つの段階で説明している。先ほどと同様、助言者・注意者となる人物をA、悪行を働いた人物をBと仮定してそのことを確認しよう。

（一）Aは、Bが自分の（悪しき）行為への反応としてAがこの態度をとっているのだということを理解できるよう振る舞わなければならない。たとえば、Bと目を合わせない、Bに対して不機嫌な表情を見せる、Bと行動を共にしない、といった具合である。

（二）Aは、Bが義務行為を怠ればその義務を果たすよう、Bが禁止行為を行えばそれを悔やんで止めるよう、言葉でもって求める。

（三）Aは、Bが悪行を働くのを防ぎ、善行をなすことを勧めるよう、罰を与えることで強制する。

M. H. Falah-Zadeh, Joseph Ali (trl), *A Guide to Religious Laws*, Ansariyan Publications, 2005, p. 197

本書第1章において、勧善懲悪の方法として心、言葉、行動の三つを挙げているハディースを紹介した。以上の三段階は、（一）が気持ちを表したものという点で心、（二）が言葉、（三）が強いるという行動について言及することで、そのハディースの方法と呼応している。

ただし、以上の（一）から（三）が段階であること、つまり順番通りに行われなければならない点は重要である。悪行を目撃した者は、まず不快な気持ちを態度で間接的に相手に伝える。それで悪行が止まなければ言葉で直接注意する。それでも悪行が止まなければ強制的に止めさせる。心か言葉か行動かではなく、三つの過程を順番に経ることで勧善懲悪が果たされるというわけだ。

もちろん、手順が重視される背景には、最初から強制的に相手の言動を正すのではなく、「悔やんで止める」とあるように、相手が自発的に行動を正すべく、穏便な方法からはじめるという意図もあるだろう。しかしながら、悪行を防ぐという目的に強く主眼を置いたこの「三段跳び」の勧善懲悪は、やはり最終的に行動を重視する性格が見てとれる。

この点がより顕著に表れているのが、勧善懲悪が義務となる条件についての説明である。注意者や助言者であるAは、自身の注意や助言が悪行を働くBに効果をもたらさない場合、勧善懲悪の義務を免れる。しかしホメイニーは、放置することによってその悪行を行うBを支持・支援することになる場合、放置することは許されず、たとえ悪行を防ぐ効果がなくとも、その悪行に反対するという立場を表明することがAにとっての義務だとする。これについて彼は次のように述べている。

（一）もしAが、助言や説法なしでは勧善懲悪の効果がないと知っている場合、Bに対して勧善懲悪に沿って助言を行うことは義務である。またもしAが、助言や説法のみで十分な効果が得られると知っている場合、Bに対してこれらを行うのは義務である。

（二）もしAが、勧善懲悪を繰り返すことが効果的であると知っている、あるいは考えるなら、Bに対してこれを行うことは義務である。

M. H. Falah-Zadeh, Joseph Ali (trl), *A Guide to Religious Laws*, Ansariyan Publications, 2005, pp. 197-198

以上の（一）からは、ホメイニーが勧善懲悪の実践においてその具体的な効果を重視している点がうかがえる。この点、先述したような、心で思うだけでは勧善懲悪として不十分だとする考えが見てとれよう。

また（二）において、ホメイニーは具体的な効果が現れるまで粘り強く勧善懲悪を行うことを求めている。これについては、たとえAの助言や注意がその時点でBの悪行を防ぐ効果を持たないとしても、将来的に、あるいは第三者や周囲に対して効果を持ちうるため、やはりその悪行に対して抗議することが義務だとする。

さらに、勧善懲悪を行うことで自らやその周囲に深刻な危険が及ぶ場合はその義務を免れるという条件に関しては、イスラームそのものが危機に瀕している場合はその限りではない、つまり自身の安全を代償としてでも勧善懲悪を果たす義務があるとする。

必要な場合は自身と引き換えにしても行動を起こせ。こうした力強いメッセージは、勧善懲悪を、既存の社会における個々人の間の言動といったマナーの次元から社会、あるいは国家そのものを作り変える政治思想の次元へと拡大・昇華させたと考えられる。

これは、本書が扱ってきたサウジアラビア、「イスラーム国」、インドネシア・アチェ州における勧善懲悪の位置づけとは大きく異なる。これら三つにおいて、勧善懲悪は建国・独立のための主導理念そのものではなく、あくまでも建国・独立の正当性や効果を示し、それを特徴づける制度の一つであった。これに対してイランにおける勧善懲悪は、パフレヴィー王政の存在をイスラームそのものの危機と解釈し、それを倒すという革命の正当性を裏づけるもので、現在のイラン・イスラーム共和国の存在要因といっても過言ではない。この点について、筆者がイランの都市ゴムで会った、諸宗教・諸宗派大学の宗教学部で教鞭を執るバーゲル・タレビー（Bagher Talebi Darabi）氏は、勧善懲悪がイラン・イスラーム共和国の基礎であり、その憲法ともいえる存在だと説明した。勧善懲悪は、不正を行って人々を苦しめる腐敗した政府に立ち向かう思考と行動であり、それによってイラン革命がもたらされたというのである。

またタレビー氏は、シーア派やイランにとって、礼拝の不履行や女性のヒジャーブ着用といった、これまで本書が扱ってきた勧善懲悪の取り締まり対象を、シーア派やイランの文脈ではそう重要なものではないと述べた。事実、これについてホメイニーは次の通り説明している。

我々は勧善懲悪を狭い領域に定め、罪ある行為をしたり、怠ることで犯したりする、個人自らにその弊害がある場合に限定している。日常生活の中で見聞きする「悪しき行為」に我々の考えを限定している……しかし、大規模な悪しき行為には関心を払わない。

R・M・ホメイニー『イスラーム統治論・大ジハード論』富田健次編訳、平凡社、二〇〇三年、一四一頁

哀れなあの薬草屋が仮に、違反行為をしたからといって、イスラームには弊害はない。自分自身に弊害があるだけである。イスラームに弊害を与える者に対して、より多く勧善懲（抑）悪をなすべきである。

R・M・ホメイニー『イスラーム統治論・大ジハード論』富田健次編訳、平凡社、二〇〇三年、一四二頁

イスラーム法に反することはすべて拒まねばならないが、とくに虚偽と禁断の利益をむさぼることに力点を置き、もってこの二つの禁じられた行為が、禁じられた諸行為のなかで最も危険であり、より一段と立ち向かい戦うべき対象であることをわからせようとしていること（が重要である）。

R・M・ホメイニー『イスラーム統治論・大ジハード論』富田健次編訳、平凡社、二〇〇三年、一三五頁

このように、ホメイニーは勧善懲悪の本質を、社会全体に害悪を及ぼす存在との戦いと位置づけた。これこそが先に、勧善懲悪とはイスラームを貶めたパフレヴィー王政の打倒を経て誕生したイランそのものだとタレビー氏が述べたゆえんであろう。この点、イランにおける勧善

懲悪は、善玉が悪玉を倒すという、本書第1章で述べた文学作品などのあり方に近いといえるかもしれない。本書では宗教警察を、風紀取り締まりという活動を中心に眺めてきたが、「正しいイスラーム」社会を形成するための方法はなにも公序良俗の実現にのみ求められるわけではない。イランにおける政治思想としての勧善懲悪のあり方は、「宗教警察」を宗務に特化した一行政機関としてのみ見るのではなく、宗教にもとづいた社会の誕生を求める運動の一種として見る必要性も、我々に教えてくれる。

あとがき

異文化を理解するためには、その文化がどのように成り立ったか、その文化の中で人々がどう生活し、何を考えているかを学ぶことが重要である。同時に、そのためには自分がどのような文化の中で生まれ育ったのか、どのような時代や場所に特有の価値観を持っているのかを知ることが不可欠である。「イスラームは厳しい」と感じるなら、どのように厳しいのかと同時に、自分がなぜそう感じるのか、そこにどのような判断基準があるかについて考えなければならない。

本書はイスラームや宗教を専門としない読者も想定しながら執筆したものである。筆者としては、本書で紹介した宗教警察の理念や活動を通して、読者に「やはりイスラームは厳しい」と感じてもらっても構わないし、「意外とイスラームは厳しくない」と感じてもらっても構わない。ただし、そうした感想の根拠ははたして何なのかについて考える機会を持ってもらいたい。筆者はイスラーム社会と縁ができてから二〇年あまりの時間を過ごしたが、イスラームについて詳しくなったという自負はない。しかし、自分が何者かについては多少なりとも知ることができたと思っている。イスラームに特段の関心を持たない読者にとって、本書が読者自身を発見するための鏡となれば筆者にとって望外の喜びである。

宗教警察は、筆者が二〇一一年から二〇一三年に在サウジアラビア日本大使館で専門調査員として勤務した間、勧善懲悪委員会の調査に取り組んで以来の研究テーマである。勧善懲悪委員会に関心を抱いた理由は、一言でいえば彼らが嫌われていたからであろうか。サウジアラビアの宗教政策について調査したいと思っていた筆者が勧善懲悪委員会について聞いてまわった際、外国人はもちろん、サウジアラビア人からも彼らを批判する声が多く聞かれた。あるサウジアラビア人は、「あんな教条的で暴力的なあり方は本来のイスラームではないよ」といって、筆者に調査テーマを変えるよう勧めた。その発言に悪意がないのはたしかだろう。しかし本書序章でも述べたように、「教条的」で「暴力的」だからといって切り捨ててしまっていいのだろうか、まるで「こんな悪さをする子はうちの子じゃありません！」と怒った親が子を捨てて、「うちには前から子どもはいませんよ」と開き直るようではないかと、強い違和感を覚えた。そこで筆者は、判官びいきの性格も手伝って、ではそんな勧善懲悪委員会にどのような大義名分があって、彼らの活動実態はどのようなものなのか調べてみようと思い至ったわけである。

これ以前、筆者は主に現代シリアの宗教家について研究していた。サウジアラビアやインドネシアは自分にとって見知らぬ土地であったし、宗教警察は学問的にまだまだ未開拓のテーマである。そのため、調査・研究に取り組むにあたっては様々な方からひとかたならぬ協力と支援をいただいた。残念ながらすべての名前を挙げることはできないが、ごく限られた方に対し、この場を借りて御礼を申し上げたい（以下、所属と役職は当時のもの）。

サウジアラビアについては遠藤茂大使、小寺次郎大使、岩井文男公使、森野泰成公使、村瀬充参事官をはじめとした、在サウジアラビア日本大使館の方々に対し、社会人としても研究者としても未熟な筆者を温かく受け入れていただいたこと、筆者の関心に真摯に耳を傾け、様々な視点から意見を与えていただいたことに感謝してもし尽くせない。また同じ執務室に勤務していたバシール・プンノス氏は、ムスリムの誠実さとは何たるかをその言葉と行動でもって教えてくれた。彼とその家族・友人のかの地での平安を心より祈っている。

「イスラーム国」については、二〇一四年から一六年、外務省国際情報統括官組織に勤務していた間、治安情勢や過激主義の担当官らと同組織の動向について貴重な意見交換の機会をいただいた。また同期間、公益財団法人中東調査会で研究に携わった際には、髙岡豊氏（同会・上席研究員）と金谷美沙氏（同会・研究員）、福永浩一氏（上智大学・研究員）から多くの指導・鞭撻を賜った。これら諸氏との出会いや議論がなければ、過激主義組織の行動原理について洞察する機会を筆者が得ることはなかっただろう。

インドネシア・アチェ州については、筆者がこれまで中東・アラブ地域を調査対象としてきたことから、新たに多くの方々に協力を仰いだ。中でも新井和広氏（慶應義塾大学・教授）とオマン・ファトフッラフマン氏（ジャカルタ・イスラーム大学・教授）には、初めてとなるアチェ州での調査に向けて準備の段階から様々な助言をいただいた。また現地では、二人の友人であるハスヌル・アリフィン氏をはじめとした方々に調査を進める上で尽力いただいた。筆者を温かく迎えてくれた現地の方の人柄を通して、東南アジアが多くの研究者を魅了してやまない理由の一端が分かった気がする。

また、本書とは直接関係はないものの、筆者の研究活動を応援してくれた赤堀雅幸氏（上智大学・教授）、仁子寿晴氏（同志社大学他・非常勤講師）、青山弘之氏（東京外国語大学・教授）、飯塚正人氏（東京外国語大学・教授）の名前を挙げることを許してほしい。赤堀氏には、筆者が大学院を退学した際、形だけでも研究機関での身分がないと不便でしょうと、上智大学アジア文化研究所にお誘いいただいた。仁子氏と青山氏には、根無し草のように生きている筆者に対して、学閥や専門分野の垣根を越えて分け隔てなく接し、筆者の取るに足らない話をいつも真剣に聞いていただいた。飯塚氏には、二〇一六年度以来、東京外国語大学アジア・アフリカ言語文化研究所で筆者を研究員として受け入れていただいている。以上の方々がいなければ、筆者は本書刊行に至る研究環境を整えることができなかった。彼らから授かった恩に報いる道のりはまだまだ長いが、本書をその一歩とできれば幸いである。

こうした様々な方々の支援と協力を得て、筆者は二〇一二年以来、本書の元となる以下の論文を執筆した。

「岐路に立つ『勧善懲悪』――サウジアラビアにおける宗教風紀取締の動向」『国際宗教研究所ニュースレター』七三号、八-一三頁、二〇一二年一月
「宗教の社会貢献についての一考察――サウジアラビアの勧善懲悪委員会を事例とした社会における両価性の検討」『宗教と社会』一九号、六五-七八頁、二〇一三年六月
「サウジアラビアにおけるヒスバの継承と展開――勧善懲悪委員会を事例に」『イスラム世界』八三号、三一-五八頁、二〇一五年五月
「『ヒスバ』から見る『イスラーム国』の統治」『中東研究』五二三号、九〇-一〇〇頁、二〇一五年五月
「『イスラーム国』による宗教的社会の形成」『応用社会学研究』五八号、二三三-二四二頁、二〇一六年三月
「現代ムスリム社会における『宗教警察』――インドネシア・アチェ州の事例を中心に」『学習院女子大学紀要』二〇号、六三-七七頁、二〇一八年三月

いずれの論文にも至らない点が多く見られ、本書執筆にあたって筆者としては恥ずかしさも覚えながらこれらを読み返していた。しかし、自身の未熟さに改めて向き合う機会を得たことは研究者として素直に喜ぶべきであろう。そのような機会ともなった本書刊行の縁を授けていただいた岡本亮輔氏（北海道大学・准教授）、筆者の拙い構想に耳を傾けていただいた内藤寛氏（亜

紀書房・編集者）、そして本書をともに良いものにしようと、誠実で丁寧な編集をしていただいた寺地洋了氏に心よりの感謝を申し上げたい。

二〇一八年八月

高尾賢一郎

本書の内容に関する調査・研究にあたっては、日本学術振興会・特別研究員奨励費（課題名「イスラームと社会統治に関する研究：ヒスバ制度を事例に」、課題番号16J01130）の助成を受けた。また宗教警察の比較研究にあたっては、早稲田大学イスラーム地域研究機構・平成二九年度公募研究「現代ムスリム社会における風紀・暴力・統治についての多角的分析」を通じて取り組んだ。

主要参考文献

第1章

イブン・タイミーヤ『イブン・タイミーヤ政治論集』中田考（編・訳・解説）、作品社、2017年。

岡本勝『禁酒法――「酒のない社会」の実験』講談社、1996年。

菊池忠純「ムフタスィブ（市場監督官）」板垣雄三・後藤明（編）『事典イスラームの都市性』亜紀書房、1992年、280頁。

佐藤次高『砂糖のイスラーム生活史』岩波書店、2008年。

鈴木透『性と暴力のアメリカ』中央公論新社、2006年。

中田考『イスラームの論理』筑摩書房、2016年。

中田考『イスラーム法とは何か？』作品社、2015年。

ニザーム・アルムルク『統治の書』井谷鋼造・稲葉穣（訳）、岩波書店、2015年。

アル＝マーワルディー『統治の諸規則』湯川武（訳）、社団法人日本イスラム協会協力、慶應義塾大学出版会、2006年。

Ansari, Bazmee. 1986. "Ḥisba," Bernard Lewis et al. (eds.), *The Encyclopedia of Islam* (New Edition), vol. 3. E. J. Brill, pp.485-493.

Cook, Michael. 2000. *Commanding Right and Forbidding Wrong in Islamic Thought*. Cambridge University Press.

Ibn Taymīya. 1985. *Public Duties in Islam: The Institution of the Ḥisba*, Muhtar Holland (trl.). The Islamic Foundation.

Stilt, Kristen. 2011. *Islamic Law in Action: Authority, Discretion, and Everyday Experiences in Mamluk Egypt*. Oxford University Press.

第2章・第3章

高尾賢一郎「サウジアラビアにおける宗教界の変遷と役割」『中東研究』530号、58-69頁、2017年。

保坂修司『サウジアラビア――変わりゆく石油王国』岩波書店、2005年。

森伸生『サウディアラビア――二聖都の守護者』山川出版社、2014年。

Al Atawneh, Muhammad. 2010. *Wahhābī Islam Facing the Challenges of Modernity: Dār al-Iftā in the Modern Saudi State*. Brill.

al-'Aql, Nāṣir bin 'Abd al-Karīm. (ed.) 2007. *Islāmīyah, lā wahhābīyah*. Dār al-Faḍīla.

b. Bāz, 'Abd al-'Azīz b. 'Abd Allāh. 1991. *Majmū' fatāwā wa-maqālāt mutanawwi'a*, vol. 5. Dār Aṣdā' al-Mujtama'.

——1994. *Majmū' fatāwā wa-maqālāt mutanawwi'a*, vol. 7. Dār Aṣdā' al-Mujtama'.

——2004. *Majmū' fatāwā wa-maqālāt mutanawwi'a*, vol. 27. Dār Aṣdā' al-Mujtama'.

——2005. *Majmū' fatāwā wa-maqālāt mutanawwi'a*, vol. 28. Dār Aṣdā' al-Mujtama'

bin Mu'ammar, Fayṣal b. 'Abd al-Raḥmān et al. (eds.) 2012(H1433). *Mawsū'a al-Mamlaka al-'Arabīya al-Su'ūdīya*, vol. 1. Maktaba al-Malik 'Abd al-'Azīz al-Āmma.

Delong-Bas, Natana J. 2004. *Wahhabi Islam: From Revival and Reform to Global Jihad*. I.B.Tauris.

Kéchichian, Joseph A. 2008. *Faysal: Saudi Arabia's King for All Seasons*. University Press of Florida.

Kassim, Abdulbasit & Nwankpa, Michael (eds.). 2018. *The Boko Haram Reader: From Nigerian Preachers to the Islamic State*. Oxford University Press

Hay'a al-Amr bi-l-Ma'rūf wa-n-Nahy 'an al-Munkar. 2009/10(H1431). *al-Kitāb al-wathā'iq li-l-Ri'āsa al-'Āmma li-Hay'a al-Amr bi-l-Ma'rūf wa-n-Nahy 'an al-Munkar*. Hay'a al-Amr bi-l-Ma'rūf wa-n-Nahy 'an al-Munkar.

——2009/10(H1431). *Asas wa-mabādī: ta'rīkh wa-a'māl. Hay'a al-Amr bi-l-Ma'rūf wa-n-Nahy 'an al-Munkar*. Hay'a.

Hay'a, 2009/10b (H1431), *al-Ḥisba fī al-Mamlaka al-'Arabīya al-Su'ūdīya: risāla wa-musīra*. Hay'a.

Haykel, Bernard et al. (eds.) 2015. *Saudi Arabia in Transition: Insights on Social, Political, Economic and Religious Change*. Cambridge University Press.

Hegghammer, Thomas. 2010. *Jihad in Saudi Arabia: Violence and Pan-Islamism since 1979*. Cambridge University Press.

Ḥudayrī, Nājī b. 2005. *al-Ḥisba al-naẓarīya wa-l-'amalīya 'inda Shaykh al-Islām ibn Taymīya*. Dār al-Faḍīla.

Al-Juhany, Uwaidah M. 2002. *Najd before the Salafi Reform Movement: Social, Political, and Religious Conditions during the Three Centuries Preceding the Rise of the Saudi State*. Ithaca Press.
Kéchichian, Joseph A. 2008. *Faysal: Saudi Arabia's King for All Seasons*. University Press of Florida.

Kassim, Abdulbasit & Nwankpa, Michael (eds.). 2018. The Boko Haram Reader: From Nigerian Preachers to the Islamic State. Oxford University Press
Mouline, Nabil. 2011. *Les Clercs de l'islam: autorité religieuse et pouvoir politique en Arabie Saoudite, XVIIIe – XXIe siècle*. Presses Universitaires de France.

al-Na'īmī, 'Umar Abū al-Majd b. Ḥusayn Qāsim Muḥammad (ed.). 2011 (H1432). *al-Amr bi-l-ma'rūf wa-n-nahy 'an al-munkar*. Jāmi' Umm al-Qurā.

al-Sabat, Khālid b. 'Uthmān. 1995(H1415). *Amr bi-l-ma'rūf wa-n-nahy 'an al-munkar: uṣūl-hu wa-ḍawābiṭ-hu wa-ādāb-hu*. Maktaba Majalla al-Bayān.

Shaykh, Fadhl Ilhī, b. Z. I. 1996. *al-Ḥisba: ta'arīf-hā wa-mashrū'īyah-hā wa-wujūb-hā*. Maktaba al-Malik Fahd al-Waṭanīya Athnā' al-Nashar.

Stenslie, Stig. 2012. *Regime Stability in Saudi Arabia: The Challenge of Succession*.

Routledge.

第4章

青山弘之（編）『「アラブの心臓」に何が起きているのか——現代中東の実像』岩波書店、2014年。
アブドルバーリ、アトワーン『イスラーム国』中田考（監訳）・春日雄宇（訳）、集英社、2015年。
白戸圭一『ボコ・ハラム——イスラーム国を超えた「史上最悪」のテロ組織』新潮社、2017年。
中東調査会イスラーム過激派モニター班『「イスラーム国」の生態がわかる45のキーワード』明石書店、2015年。
辻上奈美江「『イスラーム国』の出現と女性の役割」塩尻和子（編著）『変革期イスラーム社会の宗教と紛争』明石書店、2016年、117-130頁。
中田考『カリフ制再興——未完のプロジェクト、その歴史・理念・未来』書肆心水、2015年。
バートレッティ、S・C『ヒトラー・ユーゲントの若者たち——愛国心の名のもとに』林田康一（訳）、あすなろ書房、2010年。
保坂修司『ジハード主義——アルカイダからイスラーム国へ』岩波書店、2017年。
ムバイヤド、サーミー『イスラーム国の黒旗のもとに——新たなるジハード主義の展開と深層』高尾賢一郎・福永浩一（訳）、青土社、2016年。
山尾大・吉岡明子（編）『「イスラーム国」の脅威とイラク』岩波書店、2014年。
al-Dawla al-Islāmīya. 2014. *Dābiq*, vol. 1-3. n.p.
——2014. *Rijāl al-Ḥisba*, vol. 1. n.p.
——2015. *Rijāl al-Ḥisba*, vol. 2. n.p.
Eltantawi, Sarah. 2017. *Shari'ah on Trial: Northern Nigeria's Islamic Revolution*. University of California Press.
Lister, Charles. 2014. *Profiling the Islamic State*. Brookings Doha Center.
Rashid, Ahmed. 2000. *Taliban: Militant Islam, Oil and Fundamentalism in Central Asia*. Yale University Press.

第5章

小林寧子『インドネシア——展開するイスラーム』名古屋大学出版会、2008年。

田中重好「スマトラ島沖地震の緊急対応、復興過程とコミュニティの役割」林勲男（編著）『自然災害と復興支援』明石書店、2010年、279-305頁。

中村緋紗子「インドネシアのイスラーム裁判所制度」堀川徹（編）『世界に広がるイスラーム』栄光教育文化研究所、1995年、383-426頁。

Daly, Patrick et al. (eds.) 2012. *From the Ground up: Perspectives on Post-Tsunami and*

Post-Conflict Aceh. Institute of Southeast Asian Studies.
Feener, Michael. 2013. *Shari'a and Social Engineering: The Implementation of Islamic Law in Contemporary Aceh, Indonesia*. Oxford University Press.
Feener, Michael et al. (eds.) 2016. *Islam and the Limits of the State: Reconfigurations of Practice, Community and Authority in Contemporary Aceh*. Brill.
Kloos, David. 2018. *Becoming Better Muslims: Religious Authority & Ethical Improvement in Aceh, Indonesia*. Princeton University Press.
Siegel, James T. 2000. *The Rope of God* (New Edition). University of California Press.
Tripa, Sulaiman. 2008. *Perang Melawan Khalwat di Aceh: Pelaksanaan Qanun Khalwat dan Profil Kasus Khalwat dalam Harian Serambi Indonesia, 15 Januari 2007-15 Januari 2008*. Pustaka Novum & Pusat Studi Lokal.
Muhibbuththabary, H. 2010. *Wilayat Al-Hisbah di Aceh: Konsep dan Implementasi*. Yayasan PeNA.
Al Yasa, Abubakar. 2009. *Wilayatul Hisbah: Polisi Pamong Praja dengan kewenangan Khusus di Aceh*. Dinas Syari'at Islam Provinsi Aceh.

終章

富田健次『アーヤトッラーたちのイラン――イスラーム統治体制の矛盾と展開』第三書館、1993年。
富田健次『ホメイニー――イラン革命の祖』山川出版社、2014年。
中田考「シーア派法学における『善の命令と悪の阻止』理論の発展とホメイニーによるその革新」『日本中東学会年報』12号、日本中東学会、1997年、61-87頁。
ホメイニー、R・M『イスラーム統治論・大ジハード論』富田健次（編訳）、平凡社、2003年。Falah-Zadeh, Mohammad Husayn. 2005. *A Guide to Religious Laws: According to the Verdicts of Imam Khomeini along with Verdicts of Ayatullah Sayyid Ali Khamene'i*, Joseph Ali (trl.). Ansariyan Publications.
Shakerin, Hamid-Reza. 2000. *Forty Questions on Islamic State: A Collection of Students' Queries on Political Thought*, Hussein Masoody (trl.). Qom: Ansariyan Publications.
Shirazi, Sayyid Sadiq. 2012. *Islam: Fundamental Principles and Teachings*. Qom: Fountainbooks.
Shomali, Mohammad Ali. 2003. *Shi'i Islam: Origins, Faith & Practices*. Qom: International Institute for Islamic Studies.

高尾賢一郎　たかお・けんいちろう

同志社大学大学院神学研究科博士後期課程単位取得満期退学。博士（神学）。日本学術振興会特別研究員 PD（東京外国語大学アジア・アフリカ言語文化研究所）。専門は宗教学ならびに現代イスラーム思想・社会史。訳書にサーミー・ムバイヤド『イスラーム国の黒旗のもとに――新たなるジハード主義の展開と深層』（共訳、青土社）がある。

イスラーム宗教警察

2018年10月1日　第1版第1刷発行

著　者　高尾賢一郎

発行者　株式会社亜紀書房
郵便番号 101-0051
東京都千代田区神田神保町1-32
電話 (03)5280-0261（代表）
(03)5280-0269（編集）
振替 00100-9-144037
http://www.akishobo.com

印　刷　株式会社トライ　http://www.try-sky.com

組　版　コトモモ社

装　丁　國枝達也

ISBN978-4-7505-1561-8

イスラム国

――グローバル・ジハード「国家」の進化と拡大

マイケル・ワイス／ハサン・ハサン著
山形浩生訳

イラクの一武装集団にすぎなかったかれらは、いかにして広大な領域を支配し、世界を震撼させるテロ「国家」へと進化したのか。その成立と拡大の過程を前身組織にさかのぼって詳述する。

4800円＋税

亜紀書房翻訳ノンフィクション・シリーズ

シリアからの叫び

ジャニーン・ディ・ジョヴァンニ著
古屋美登里訳
2300円+税

失われた宗教を生きる人々
——中東の秘教を求めて

ジェラード・ラッセル著
臼井美子訳
3700円+税

ありがとうもごめんなさいもいらない
森の民と暮らして人類学者が考えたこと

奥野克巳著

ボルネオ島の狩猟採集民「プナン」とのフィールドワークから見えてきたこと。ニーチェを導きの糸として、豊かさ、自由、幸せとは何かを根っこから問い直す、刺激に満ちた人類学エッセイ。

1800円＋税

いかもの喰い
――犬・土・人の食と信仰

山田仁史著
1600円＋税

ソウル・ハンターズ
――シベリア・ユカギールのアニミズムの人類学

レーン・ウィラースレフ著
奥野克巳／近藤祉秋／古川不可知訳
3200円＋税

森は考える
――人間的なるものを超えた人類学

エドゥアルド・コーン著
奥野克巳／近藤宏監訳
近藤祉秋／二文字屋脩共訳
2700円＋税